Johanna Härtl

Grundwissen Weiterbildung

Aufgaben VWL & BWL

Herausgegeben in Zusammenarbeit mit dem FORUM Berufsbildung

Cornelsen

Verlagsredaktion: Erich Schmidt-Dransfeld, Astrid Dany
Technische Umsetzung: TypeArt, Grevenbroich
Umschlaggestaltung: Gabriele Matzenauer, Berlin
Titelfoto: Stauke / Fotolia.com

Informationen über Cornelsen Fachbücher und Zusatzangebote:
www.cornelsen.de/berufskompetenz

1. Auflage

Druck: Druckhaus Thomas Müntzer, Bad Langensalza

ISBN 978-3-589-23890-3

Inhalt gedruckt auf säurefreiem Papier
aus nachhaltiger Forstwirtschaft.

Inhaltsverzeichnis

Hinweise zur Benutzung des Buches

Das Buch kann als Aufgabenbuch („Workbook") im Lehrgang eingesetzt oder für das persönliche Lernen genutzt werden.

Wenn Sie die Aufgaben durcharbeiten und Ihre Lösungen mit den hier abgedruckten vergleichen, wiederholen Sie dadurch den wesentlichen Stoff zum Fach „Volks- und Betriebswirtschaft", wie er insbesondere im Prüfungsteil „Wirtschaftsbezogene Qualifikationen" von Fachwirteprüfungen verlangt wird. Dieser Stoff wird auch auf ähnliche Weise in zahlreichen anderen Qualifizierungen und Prüfungen verlangt.

Die Kapitel sind, je nach Umfang des Themas, in zwei bis sieben Aufgabensets untergliedert. Insgesamt enthält der Band 36 Aufgabensets. Dadurch kann das Buch auf unterschiedliche Weise und flexibel genutzt werden.

Beispielsweise können pro Thema ein oder zwei Aufgabensets im Lehrgang bearbeitet und die übrigen zur häuslichen Übung verwendet werden. Falls Sie das Buch ausschließlich individuell nutzen, ist es hilfreich, wenn Sie sich das Pensum einteilen. Der Lerneffekt ist besser, wenn Sie nicht zu viel auf einmal bearbeiten, sondern in Schritten vorgehen. Sie können die Aufgabensets als Lernetappen nutzen – entweder einfach von vorne nach hinten oder indem Sie zunächst pro Thema nur ein Aufgabenset bearbeiten und nach dem letzten Kapitel mit dem ersten einen zweiten Durchgang beginnen etc.

Dringend zu empfehlen ist, die Aufgaben schriftlich zu lösen und sich damit die Mühe zu geben wie später in der Prüfung. So üben Sie zugleich ein, sich anforderungsgerecht mit den Aufgaben zu beschäftigen.

Autorin und Verlag wünschen Ihnen viel Erfolg!

1 Grundlagen

- Bedürfnisse
- Bedarf
- Güterarten

Merke

Vor Prüfungen sollte man sich grundsätzlich informieren über die folgenden Themenbereiche:
Arbeitslosenquote, Leitzins, Inflationsrate, Rohölpreis, Verhältnis von US-Dollar zu Euro, Konjunkturprogramme, Steuererhöhungen/-senkungen, Abschreibungsmöglichkeiten für Unternehmen, DAX, Konjunkturverlauf, Tarifverhandlungen, Tarifabschlüsse, Höhe der gesetzlichen Personalzusatzkosten (Sozialversicherungsbeiträge), Entwicklungen in der EU, Wirtschaftswachstum, Staatsverschuldung

1.1 Übungsaufgaben Set 1

1.1.1 Jeder Einzelne und die Gesellschaft haben bestimmte Bedürfnisse.

a) Erläutern Sie konkret, wodurch Bedürfnisse beeinflusst werden können.

b) Erklären Sie den Begriff „Bedürfnis" und gehen Sie dabei auf die Bedürfnispyramide nach Maslow ein.

c) Erläutern Sie, wie Bedürfnisse bezogen auf den Einzelnen und die Gemeinschaft eingeteilt werden können.

d) Stellen Sie dar, wie Industrie und Handel versuchen, Bedürfnisse in Bedarf umzuwandeln.

e) Beurteilen Sie, auf die Erfüllung welcher Bedürfnisse man in einer wirtschaftlichen Notsituation verzichten kann.

f) Erläutern Sie den Zusammenhang, in dem normalerweise Bedürfnisse und Bedarf, bezogen auf das „Volumen", stehen.

g) Schildern Sie, von welchen Einflussfaktoren der Bedarf, also die Nachfrage nach Gütern und Dienstleistungen beeinflusst wird.

1.1.2 Beschreiben Sie die Arten der Güter mit Beispielen.

1.1.3 Erläutern Sie, worin sich ein freies Gut von einem wirtschaftlichen Gut unterscheidet.

1.1.4 Suchen Sie ein Beispiel, wie aus einem Produktionsgut ein Konsumgut werden kann.

1.1.5 Schildern Sie zwei Fälle, wie dasselbe Gut sowohl als Konsumgut als auch als Produktionsgut verwendet werden kann.

1.1.6 Folgende Beispiele sollen den Güterarten Verbrauchsgut, Gebrauchsgut, Konsumgut und Produktionsgut zugeordnet werden:
a) Sportbekleidung b) Mikrowelle
c) Akkuschrauber für Heimwerker d) Tageszeitung

1.1.7 Bei folgenden Bedürfnissen ist festzustellen, ob es sich um ein Existenz-, ein Kultur- oder ein Luxusbedürfnis handelt.
a) Modeartikel b) Delikatessen c) Schutzkleidung
d) Musik e) Romane f) Sportwagen

1.1.8 Erläutern Sie die folgenden Begriffe:
a) Konsumgüter b) Gebrauchsgüter

1.1.9 Bestimmen Sie, wie man die Güter nennt, mit denen man andere Güter herstellt.

1.2 Übungsaufgaben Set 2

1.2.1 Beurteilen Sie, um welches Gut es sich handelt, wenn bei einem Preis von 0 € das Angebot größer ist als die Nachfrage.

1.2.2 Entscheiden Sie, welcher Bedürfnisart der Wunsch nach einem Mittelklasseauto aus der Sicht eines Auszubildenden, eines Abteilungsleiters und eines Taxifahrers entspricht.

1.2.3 Gesucht sind Beispiele für Individualbedürfnisse, die sich im Laufe der letzten Jahrzehnte zu einem Kollektivbedürfnis umgewandelt haben.

1.2.4 Finden Sie ein Beispiel, um zu zeigen, dass aus einem ehemals freien Gut ein wirtschaftliches Gut geworden ist.

1.2.5 Zitat: „Was noch gestern Luxusbedürfnisse einer kleinen Minderheit waren, sind in der Gegenwart Kulturbedürfnisse einer Mehrheit.“ Erarbeiten Sie, aufgrund welcher Entwicklungen dieser Wandel erklärt werden kann.

1.2.6 Stellen Sie dar, womit sich die Betriebswirtschaftslehre und die Volkswirtschaftslehre befassen.

1.2.7 Erläutern Sie substitutive, komplementäre und indifferente Güter. Ordnen Sie jeweils ein Beispiel zu.

1.2.8 Erläutern Sie
a) die Produktionsfaktoren der Betriebswirtschaftslehre und
b) die Aufgabe des „dispositiven Faktors“.

1.1 Lösungen Set 1

1.1.1 Bedürfnisse des Einzelnen und der Gesellschaft
a) Die Bedürfnisse des Einzelnen können abhängig sein vom Alter, vom Einkommen und vom Umfeld. Die Bedürfnisse der Gesellschaft orientieren sich z.B. an gesellschaftlichen Gruppen, an der Gesellschaftsordnung oder an Ideologien.
b) Bedürfnisse kennzeichnen das Gefühl eines Mangels mit dem Wunsch zur Beseitigung. Vorwiegend sind sie unbegrenzt, die meisten aus Mangel an Mitteln unerfüllbar und häufig schafft die Erfüllung einzelner neue Bedürfnisse. Bedürfnisse stellen die Motive für wirtschaftliches Handeln des Menschen dar.
Maslow ordnet die Hierarchie der Bedürfnisse nach der Dringlichkeit ihrer Erfüllung: Auf der untersten Ebene stehen die physiologischen Bedürfnisse (Nahrung, Wohnung, Kleidung), dann folgen Sicherheitsbedürfnisse (Versicherung, Altersvorsorge) und soziale Bedürfnisse (z.B. der Anschluss an eine Gemeinschaft), Wertschätzung (z.B. Status) und zum Schluss die Selbstverwirklichung.

Die Pyramide zeigt die Reihenfolge der Erfüllung der Bedürfnisse. Einfach ausgedrückt müssen zuerst die Bedürfnisse im unteren Teil der Pyramide erfüllt sein, bevor sich der Mensch für Kultur oder gar Selbstverwirklichung interessiert.

Bedürfnispyramide nach Maslow

c) Die Einteilung geschieht in Individual- und Kollektivbedürfnisse. Zu den Individualbedürfnissen zählen Hunger und Durst oder auch das Bedürfnis nach Kleidung. Kollektivbedürfnisse sind z.B. mit dem Bus zu fahren oder ein Museum zu besuchen.
d) Industrie und Handel treiben Werbung, um die Aufmerksamkeit der Nachfrager auf sich zu lenken und Wünsche zu wecken. Sie betreiben Verkaufsförderung, um das Einkaufen bequem zu machen. Sie erleichtern die Bezahlung durch Kreditgewährung.
e) Da es in einer wirtschaftlichen Notsituation in erster Linie um die Erfüllung der Existenzbedürfnisse geht, wird man auf die Erfüllung der Kultur- und Luxusbedürfnisse verzichten.
f) Die Bedürfnisse sind höher als der Bedarf.
g) z.B: Werbung, Alter, Schulbildung, Lebensgewohnheiten, Entwicklung neuer Konsumgüter, technischer Fortschritt, Preise der Güter und Dienstleistungen, Größe des Haushalts, Höhe des Einkommens; Bereitschaft, sich zu verschulden.

1.1.2 Güterarten:

- Freie Güter: z.B. Sonnenlicht, Wind, Luft; stehen, da sie unbegrenzt vorhanden sind, kostenlos zur Verfügung.
- Mit knappen Gütern (Wirtschaftsgütern) muss wirtschaftlich – also sparsam – umgegangen werden.

- Sachgüter: z.B. Zucker, Melonen, Äpfel, Kleidung, Papier, Maschinen
- Dienstleistungen: z.B. Transport von Waren, Beratungs-, Reparaturleistungen, Tätigkeit eines Steuerberaters, Abwicklung von Aktienkäufen über eine Bank
- Rechte: z.B. Patente, Markenzeichen, Konzessionen, Brennrechte, Mietrecht (Recht zur Nutzung der Mietsache)
- Konsumgüter sind für private Haushalte bestimmt, Produktionsgüter für Betriebe, wo sie der Herstellung anderer Güter dienen.
- Gebrauchsgut: Nutzung über einen längeren Zeitraum, z.B. Fahrzeuge, Computer, Kleidung.
- Verbrauchsgut: einmalige Nutzung, z.B. Nahrungsmittel, Schmierstoffe für Maschinen.

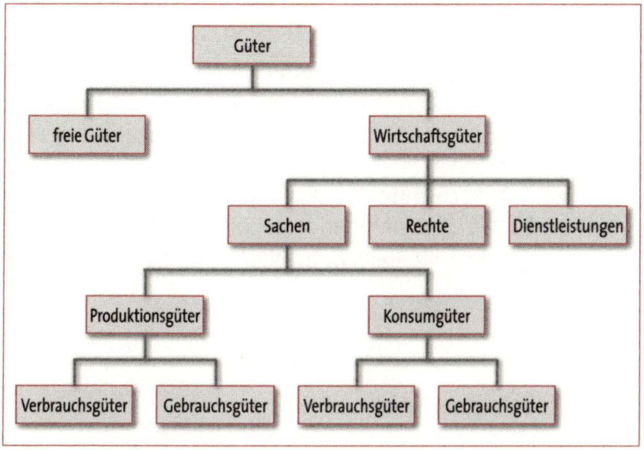

Übersicht: Güterarten

1.1.3 Freie Güter stehen unbegrenzt zur Verfügung. Sie haben keinen Preis. Bei wirtschaftlichen Gütern ist es umgekehrt: Sie sind begrenzt verfügbar und haben einen Preis. Sie werden auch „knappe Güter" genannt.

1.1.4 Ein Unternehmer überlässt seiner Tochter, die in der Nachbarstadt studiert, einen abgeschriebenen Firmenwagen zur freien Verfügung.

1.1.5 Beispielsweise kann ein Pkw sowohl für private als auch für geschäftliche Zwecke benutzt werden. Dies ist ebenso bei einem Computer oder einem Telefon der Fall.

1.1.6 Güterarten
a) Gebrauchs- und Konsumgut
b) Gebrauchs- und Konsumgut
c) Gebrauchs- und Konsumgut
d) Verbrauchs- und Konsumgut

1.1.7 Bedürfnisse
a) Kulturbedürfnis b) Luxusbedürfnis
c) Existenzbedürfnis d) Kulturbedürfnis
e) Kulturbedürfnis f) Luxusbedürfnis

1.1.8 Konsum- und Gebrauchsgüter
a) Konsumgüter sind alle Güter, die gebraucht oder verbraucht werden, um die Bedürfnisse des Verbrauchers/der Haushalte zu erfüllen.
b) Gebrauchsgüter werden sowohl für die Haushalte als auch für die Unternehmen angeboten. In den Unternehmen werden die Gebrauchsgüter als „Investitionsgüter" bezeichnet.

1.1.9 Produktionsgüter

1.2 Lösungen Set 2

1.2.1 Es handelt sich um ein freies Gut.

1.2.2 Für einen Auszubildenden ist ein Mittelklassewagen ein Luxusbedürfnis. Die Basis für diese Einteilung ist das Einkommen. Ein Abteilungsleiter kann sich das Leben durch einen Mittelklassewagen angenehmer gestalten und erhöht dadurch seine Mobilität. Deshalb ist es für ihn ein Kulturbedürfnis. Ein Taxifahrer wird den Mittelklassewagen als Existenzbedürfnis einordnen, da er ihn als Arbeitsmittel für seine Dienstleistung benötigt. Man muss darauf achten, dass die Bedürfnisbegriffe relativ sind. Es kommt auf die jeweilige Situation des Einzelnen an, wie die Einstufung vorgenommen wird.

1.2.3 Früher konnte nur derjenige Bildung erwerben, der sich einen Privatlehrer leisten konnte. Heute gibt es das öffentliche Schulwesen. Früher hatte jeder Haushalt seinen eigenen Brunnen, um sich mit Wasser zu versorgen. Heute gibt es für diesen Zweck das öffentliche Versorgungsnetz.

1.2.4 Ein ursprünglich freies Gut kann durch wirtschaftliche Veränderungen zu einem knappen Gut werden, z.B. Trinkwasser.

1.2.5 Automatisierung und Massenproduktion haben es möglich gemacht, dass Produkte immer günstiger produziert und auf dem Markt zu niedrigen Preisen angeboten werden können. Deshalb ist es immer mehr Menschen möglich, sich etwas zu leisten, was vor Jahren noch nicht denkbar gewesen wäre.

1.2.6

Die Wirtschaftslehre geht davon aus, dass Ressourcen (Güter und Produktionsfaktoren) knapp sind und deshalb ökonomisch damit umgegangen werden muss.	
Betriebswirtschaftslehre	Volkswirtschaftslehre
aus Sicht einzelner Betriebe; optimaler Einsatz der betrieblichen Produktionsfaktoren; Beschreibung, Erläuterung und Unterstützung der Entscheidungsprozesse	Erstellung von Zusammenhängen des Wirtschaftens auf gesellschaftlicher Ebene, Zusammenfassung der Wirtschaftssubjekte zu Gruppen, Untersuchung von Beziehungen und Abläufen bei der Allokation (Zuordnung) von Ressourcen, einzelwirtschaftliche (Mikroökonomie) und gesamtwirtschaftliche (Makroökonomie) Betrachtung, Formulierung von Gesetzmäßigkeiten, Ableitung von Handlungsempfehlungen

1.2.7
- Substitutive Güter lassen sich gegenseitig ersetzen. Steigt der Preis für ein Gut, wird es durch das andere substituiert. Statt Butter kann man Margarine kaufen, statt Honig Marmelade oder statt Apfelsaft Orangensaft. Steigen die Preise für Benzin, werden mehr Dieselfahrzeuge nachgefragt usw.

- Komplementäre Güter ergänzen sich, was zur Folge hat, dass eine Preiserhöhung von Gut 1 auch zu einem Rückgang der Nachfrage von Gut 2 führt. Verteuern sich Ski, sinkt die Nachfrage nach Skistiefeln. Steigen die Preise für Fahrräder, geht die Nachfrage nach Fahrradhelmen zurück usw.
- Bei indifferenten (unverbundenen, neutralen) Gütern besteht kein Zusammenhang. Die Nachfrage nach Gut 1 ändert sich nicht, wenn der Preis für Gut 2 steigt. Werden Fernsehgeräte teurer, hat das keine Auswirkung auf den Verkauf von Essiggurken. Erhöhen sich die Preise von Bier, zeigt sich kein Effekt bei Energiesparlampen usw.

1.2.8 Produktionsfaktoren der BWL und dispositiver Faktor

a) Bei der Arbeit unterscheidet man überwiegend körperliche und überwiegend geistige Arbeit und ausführende und dispositive (leitende) Arbeit. Zu den Betriebsmitteln zählen Anlagen, Ausstattungsgegenstände und Arbeitsmittel. Die Werkstoffe findet man eingeteilt in Roh-, Hilfs- und Betriebsstoffe und Halbfertigerzeugnisse.

b) Die Tätigkeit von Führungskräften wird auch dispositive Arbeit genannt. Vorgesetzte übernehmen eine Leitungsfunktion und sind unter anderem für die Planung und die Kombination der Produktionsfaktoren verantwortlich.

2 Wirtschaftliches Handeln

- Ökonomisches Prinzip
- Wirtschaftssubjekte
- Arbeitsteilung
- Maßstäbe wirtschaftlichen Handelns

2.1 Übungsaufgaben Set 1

2.1.1 Erläutern Sie das erwerbswirtschaftliche Prinzip.

2.1.2 Ein Unternehmen weist folgende Zahlen aus: Eigenkapital 3.000.000 €, Fremdkapital 2.800.000 €, Jahresgewinn vor Steuern 200.000 €, Fremdkapitalzinsen 195.000 €, Umsatzerlöse 7.800.000 €.
Ermitteln Sie:
a) die Eigenkapitalrentabilität
b) die Gesamtkapitalrentabilität
c) die Umsatzrentabilität
d) Erläutern Sie, zu welchem Zweck Rentabilitätskennzahlen ermittelt werden.

2.1.3 Erklären Sie
a) was man unter Liquidität versteht und
b) warum ein Zielkonflikt mit der Rentabilität besteht.

2.1.4 Beschreiben Sie
a) den Begriff „ökonomisches Prinzip" mit Beispielen aus der betrieblichen Praxis und
b) das Humanprinzip.

2.1.5 Erklären Sie Arbeitsproduktivität.

2.1.6 Nehmen Sie Stellung dazu, welche Aufgabe dem tertiären Sektor obliegt.

2.1.7 Beschreiben Sie, welche betriebswirtschaftliche Kennzahl sich hinter folgender Aussage verbirgt und berechnen Sie diese:

Fünf Arbeitskräfte fertigen 300 Werkstücke an einem sechsstündigen Arbeitstag.

2.1.8 Beurteilen Sie die folgende Formulierung:

Ein möglichst großer Erfolg soll mit möglichst geringen Mitteln erzielt werden.

2.2 Übungsaufgaben Set 2

2.2.1 Zeigen Sie auf, was man unter Arbeitsteilung versteht und welche Formen auftreten.

2.2.2 Von einem Unternehmen sind folgende Daten bekannt:

	1. Jahr	2. Jahr
Arbeitnehmer	15	13
Arbeitszeit je Arbeitnehmer	1.800 Std.	1.700 Std.
Produzierte und verkaufte Menge	90.000 Stück	100.000 Stück
Preis pro Stück	100 €	110 €
Gesamtkosten	4.000.000 €	4.600.000 €

a) Berechnen Sie die Arbeitsproduktivität je Stunde und die Wirtschaftlichkeit für beide Jahre.
b) Ermitteln Sie, wie sich die Arbeitsproduktivität gegenüber dem Vorjahr in Prozent verändert hat.
c) Überlegen Sie, welche Ursachen bezüglich der Änderung der Arbeitsproduktivität denkbar sind.

2.2.3 Erklären Sie, wie das gemeinwirtschaftliche Prinzip funktioniert.

2.2.4 Wählen Sie aus, bei welchen der folgenden Aussagen es sich um das ökonomische Prinzip als Maximalprinzip handelt.
a) Ein Unternehmen möchte mit möglichst wenig Energie möglichst viele Produkte herstellen.
b) Ein Unternehmen steigert den Umsatz durch eine erhebliche Preissenkung.
c) Ein Unternehmen stellt aus 50 Ballen Baumwolle möglichst viele Bettbezüge her.
d) Für 1.000 Bettbezüge soll möglichst wenig Material verbraucht werden.

2.2.5 Bestimmen Sie, nach welchem Kriterium sich die Betriebe der Investitionsgüterindustrie von den Betrieben der Konsumgüterindustrie unterscheiden.

2.2.6 Begründen Sie, warum alle Handlungen in Unternehmen und Haushalten dem Prinzip der Wirtschaftlichkeit unterliegen sollten.

2.2.7 Entscheiden Sie, ob durch die innerbetriebliche Arbeitsteilung die Arbeit für den Arbeitnehmer abwechslungsreicher wird oder die gegenseitige Abhängigkeit der Arbeitnehmer entfällt oder sich der organisatorische Aufwand erhöht oder die Güterqualität im Normalfall abnimmt.

2.2.8 Erläutern Sie, warum sich das ökonomische Prinzip in der Praxis meist nicht voll umsetzen lässt.

2.3 Übungsaufgaben Set 3

2.3.1 Die Einhaltung des Maximalprinzips lässt sich mit dem Ergiebigkeitsgrad messen, die Einhaltung des Minimalprinzips mit dem Sparsamkeitsgrad. Ermitteln Sie, wie hoch in folgenden Situationen die Wirtschaftlichkeit des Minimal- bzw. des Maximalprinzips ist.

a) Mit einer Maschine können bei wirtschaftlicher Produktion monatlich höchstens 7.000 Bärenmützen hergestellt werden. Im letzten Monat wurden 6.300 Bärenmützen hergestellt.

b) Ein Betrieb berechnet für die Produktion von Bärenmützen bei wirtschaftlichem Vorgehen einen monatlichen Soll-Verbrauch von 12.000 Bändern. Da im letzten Monat jedoch vermehrt Ausschuss anfiel, wurden 13.300 Bänder verbraucht.

2.3.2 In einer Volkswirtschaft können bei Einsatz sämtlicher Produktionsfaktoren 10.000 Einheiten Investitionsgüter und 35.000 Einheiten Konsumgüter hergestellt werden. Das Wahlproblem dieser Volkswirtschaft soll mithilfe der volkswirtschaftlichen Transformationskurve dargestellt werden.

2.3.3 Beschreiben Sie, wie sich die Budgetgerade eines Haushaltes verschiebt,
a) wenn die Preise beider Güter und das Einkommen (die Konsumsumme) um 8 % zunehmen.
b) wenn die Konsumsumme unter sonst unveränderten Bedingungen fällt.

2.3.4 Beschreiben Sie
a) wirtschaftliches Handeln und Beispiele dafür im betrieblichen und privaten Bereich und formulieren Sie
b) den Grund für wirtschaftliches Handeln.

2.3.5 Beschreiben Sie die Gruppen der WIrtschaftssubjekte.

2.3.6 Erläutern Sie drei Wirtschaftsprinzipien.

2.3.7 Nennen Sie Kennzahlen als Grundlage betrieblicher Entscheidungen.

2.1 Lösungen Set 1

2.1.1 Ein Betrieb richtet seine wirtschaftlichen Aktivitäten langfristig auf das Ziel der Gewinnmaximierung aus.

2.1.2 Ermittelte Rentabilitätskennzahlen:

a)

$$\text{Eigenkapitalrentabilität} = \frac{\text{Jahresgewinn} \cdot 100}{\text{Eigenkapital}} = \frac{200.000 \cdot 100}{3.000.000} = 6{,}67\,\%$$

b)

$$\text{Gesamtkapitalrentabilität} = \frac{(\text{Jahresgewinn} + \text{Fremdkapitalzinsen}) \cdot 100}{\text{Gesamtkapital}}$$

$$\text{Gesamtkapitalrentabilität} = \frac{(200.000 + 195.000) \cdot 100}{5.800.000} = 6{,}81\,\%$$

c)

$$\text{Umsatzrentabilität} = \frac{\text{Jahresgewinn} \cdot 100}{\text{Umsatz}} = \frac{200.000 \cdot 100}{7.800.000} = 2{,}56\,\%$$

d) Aus Rentabilitätskennzahlen kann man ablesen, ob und in welcher Höhe sich der Einsatz des Kapitals gelohnt oder welchen Gewinn der erzielte Umsatz gebracht hat. Sie dienen zum Vergleichen und zu Kontrollzwecken.

2.1.3 Liquidität und Rentabilität

a) Liquidität ist die Fähigkeit eines Unternehmens, die zu einem bestimmten Zeitpunkt fälligen Zahlungsverpflichtungen erfüllen zu können. Üblicherweise werden drei statische Liquiditätsgrade berechnet, wobei der 2. Grad mindestens 100 % betragen soll. Die Liquidität dritten Grades sollte wesentlich über 100 % liegen. Bei Ermittlung der dynamischen Liquidität werden die geschätzten Umsätze berücksichtigt.

b) Da nur investiertes Kapital rentabel arbeiten kann, Liquidität aber freie Zahlungsmittel zur Begleichung von Verbindlichkeiten fordert, stehen diese beiden Ziele im Konflikt zueinander. Liquidität sollte jedoch an erster Stelle stehen, da bei Illiquidität das Unternehmen nicht mehr weiter existieren kann.

2.1.4 Ökonomisches Prinzip, Humanprinzip

a) Das ökonomische Prinzip (Rationalprinzip) ist der Grundsatz wirtschaftlichen Handelns in seinen beiden Ausprägungen. Dieses Prinzip kann als Minimal- oder Maximalprinzip formuliert werden.

- Minimalprinzip: Ein bestimmtes Ziel soll mit einem Minimum an Aufwand erreicht werden. Beispiele: Eine Maschine mit von einem Kunden gewünschten Funktionen soll möglichst kostengünstig produziert werden. Eine Steigerung des Umsatzes um 10 % soll mit möglichst wenig Werbeaufwand erzielt werden.
- Maximalprinzip: Mit gegebenen Mitteln (Aufwand) soll ein möglichst großer Erfolg erreicht werden. Beispiele: Mit einem Budget von 20.000 € soll ein Mittelklassewagen mit möglichst vielen Extras ausgestattet werden. Fünf Außendienstmitarbeiter sollen möglichst viele Kunden besuchen und die Produkte vorstellen.

b) Dieses Prinzip bezieht sich auf den Leistungsfaktor „Arbeit“. Arbeit soll dem Menschen die Möglichkeit zur Selbstverwirklichung und Selbstbestätigung geben und sich unter humanen Bedingungen vollziehen.

2.1.5 Die Arbeitsproduktivität ist eine Kennzahl für die Ergiebigkeit des Produktionsfaktors „Arbeit“, gemessen als Quotient von Output zu Input, z.B. Stückzahl pro Stunde. Da es sich hier um eine reine Mengenbetrachtung handelt, kann man daraus nicht unbedingt Rückschlüsse auf Wirtschaftlichkeit und Rentabilität ziehen.

2.1.6 Der tertiäre Sektor stellt sämtliche Dienstleistungen in einer Volkswirtschaft zur Verfügung. Dazu zählen unter anderem die Wirtschaftszweige Handel, Verkehr und Logistik, Banken, Versicherungen usw. Dieser Sektor zeichnet sich durch seine Personalintensität aus.

2.1.7 Es handelt sich um die Arbeitsproduktivität. Hier wird berechnet, wie viele Werkstücke eine Arbeitskraft pro Stunde bearbeitet:

$$\frac{300 \text{ Werkstücke}}{5 \text{ Arbeitskräfte} \cdot 6 \text{ Stunden / Arbeitskraft}} = 10 \text{ Werkstücke pro Stunde}$$

2.1.8 Da weder der Erfolg noch die Mittel festgelegt sind, hat diese Aussage keinen Sinn. Es dürfen beim ökonomischen Prinzip nicht zwei Variable auftreten. Entweder wird das Ziel fest vorgegeben, z.B. die Produktion von 1.000 Stück (mit möglichst geringen Kosten), oder der Aufwand, z.B. 5.000 € (zur Herstellung einer möglichst großen Stückzahl).

2.2 Lösungen Set 2

2.2.1 Unter Arbeitsteilung versteht man die verschiedenen Formen der Spezialisierung wirtschaftlicher Tätigkeiten. Man unterscheidet die volkswirtschaftliche, die betriebliche und die weltwirtschaftliche Ebene.

- Unter volkswirtschaftlichen Gesichtspunkten teilt man ein in regionale, vertikale, horizontale und berufliche Formen der Spezialisierung.
- Die betriebliche Spezialisierung bezieht sich auf die Arbeitszerlegung technischer Produktionsprozesse.
- International erkennt man die Arbeitsteilung als Spezialisierung ganzer Branchen auf die Produktion von Gütern, die im internationalen Handel positive Exportmöglichkeiten bieten. Durch Spezialisierung wird normalerweise die Produktivität gesteigert.

Die volkswirtschaftliche Arbeitsteilung kennt drei Sektoren: den primären, den sekundären und den tertiären Sektor. Der primäre Sektor beschäftigt sich mit der Erzeugung. Hier werden Rohstoffe bereitgestellt. Es zählen die Land- und Forstwirtschaft, Fischereien, Bergbauunternehmen und erdölfördernde Betriebe dazu. Für den sekundären Sektor trifft der Begriff Weiterverarbeitung zu. Die Rohstoffe werden in Investitions- und Konsumgüter umgewandelt. Maschinen-, Konserven- oder Autofabriken übernehmen diese Aufgabe. Die Verteilung der Güter obliegt schließlich dem tertiären Sektor. Handelsbetriebe übernehmen die Verbindung vom Produzenten zum Endverbraucher. Auch das Verkehrswesen fällt in diesen Bereich, ebenso wie Banken, Versicherungen, Gebäudereinigungsfirmen oder Touristikunternehmen, die dazu ihre Dienstleistungen erbringen.

2.2.2 Berechnung der Produktivität

a)

	1. Jahr	2. Jahr
Arbeitsproduktivität = $\frac{\text{Ausbringungsmenge}}{\text{geleistete Stunden}}$	$\frac{90.000}{15 \cdot 1.800}$ = = 3,33 Stück/Std.	$\frac{100.000}{13 \cdot 1.700}$ = 4,52 Stück/Std.
Die Arbeitsproduktivität ist gestiegen.		

	1. Jahr	2. Jahr
Wirtschaftlichkeit = $\frac{\text{Leistung}}{\text{Kosten}}$	$\frac{100\,€ \cdot 90.000\text{ Stück}}{4.000.000\,€}$ = = 2,25	$\frac{110\,€ \cdot 100.000\text{ Stück}}{4.600.000\,€}$ = = 2,39
Die Wirtschaftlichkeit ist gestiegen.		

b) Veränderung der Arbeitsproduktivität in Prozent:

$$\frac{(4{,}52 - 3{,}33) \cdot 100}{3{,}33} = 35{,}74\,\%$$

c) Mögliche Gründe für eine Produktivitätssteigerung: Verringerung der Ausschussquote, bessere Arbeitsablauforganisation durch Optimierung der Wegstrecken im Unternehmen, höhere Automatisierung des Fertigungsablaufs, höhere Motivation der Mitarbeiter (z.B. durch einen veränderten Führungsstil)

2.2.3 Das wirtschaftliche Handeln wird darauf ausgerichtet, einen möglichst großen Beitrag zur Deckung des gesamtwirtschaftlichen Bedarfs zu leisten (volkswirtschaftliche Bedarfsdeckung). Die Gewinnerzielung steht nicht im Vordergrund. Die Preise sollen wenigstens/möglichst die Kosten decken.

2.2.4 Es handelt sich um die Aussage c): Die Zahl der Baumwollballen steht fest und die Zahl der Bettbezüge soll maximiert werden.

2.2.5 Investitions- und Konsumgüterindustrie werden unterschieden nach dem Verwendungszweck der Produkte. Zur Investitionsgüterindustrie zählen Maschinen- und Fahrzeugbau, elektrotechnische Industrie, Stahlbau usw. Die Konsumgüterindustrie umfasst Lebensmittel, Getränke, Haushaltswaren, Gesundheit, Mode, Kosmetik usw.

2.2.6 Die vorhandenen Güter sind knapp, die Bedürfnisse der Menschen dagegen unbegrenzt. Je wirtschaftlicher gehandelt wird, desto mehr Güter (und Dienstleistungen) können produziert bzw. Bedürfnisse erfüllt werden.

2.2.7 Eine Folge der innerbetrieblichen Arbeitsteilung ist, dass sich der organisatorische Aufwand erhöht. Die einzelnen Arbeitsschritte müssen beispielsweise möglichst optimal koordiniert und strukturiert werden, um unnötige Wartezeiten zu vermeiden.

2.2.8 Dazu müssten Informationen über den gesamten Markt sowohl in technischer als auch in kaufmännischer Hinsicht vorliegen. Dies erfordert sehr viel Zeit, die meist nicht aufgewendet wird. Auch müssten ständig die Preise verglichen werden, um das günstigste Angebot herauszufinden.

2.3 Lösungen Set 3

2.3.1 Wirtschaftlichkeit des Minimal- bzw. Maximalprinzips

a) Der Ergiebigkeitsgrad berechnet sich aus dem Quotienten von Ist-Ergebnis und Soll-Ergebnis:

$$\frac{\text{6.300 Bärenmützen}}{\text{7.000 Bärenmützen}} = 0{,}9$$

b) Der Sparsamkeitsgrad ergibt sich aus dem Quotienten Soll-Einsatz und Ist-Einsatz:

$$\frac{12.000 \text{ Bänder}}{13.300 \text{ Bänder}} = 0{,}9$$

2.3.2 Diese Volkswirtschaft kann wählen, ob sie 10.000 Einheiten Investitionsgüter oder 35.000 Einheiten Konsumgüter oder eine beliebige Kombination auf der Transformationskurve herstellt.

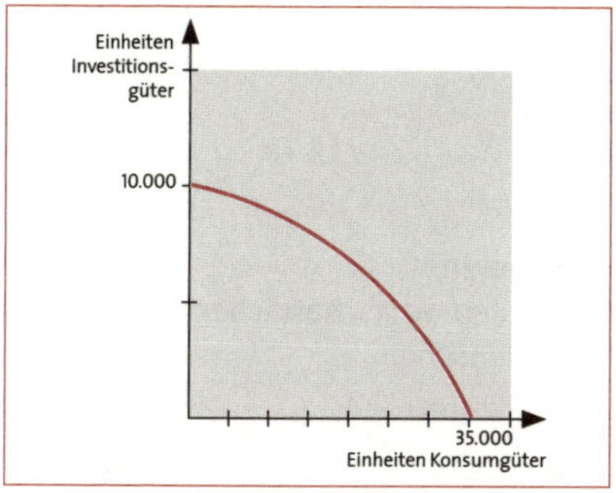

Volkswirtschaftliche Transformationskurve

2.3.3 Budgetgerade eines Haushaltes

a) Die Budgetgerade bleibt unverändert, da das Preisverhältnis und das Realeinkommen sich nicht ändern.

b) Die Budgetgerade verschiebt sich parallel nach links.

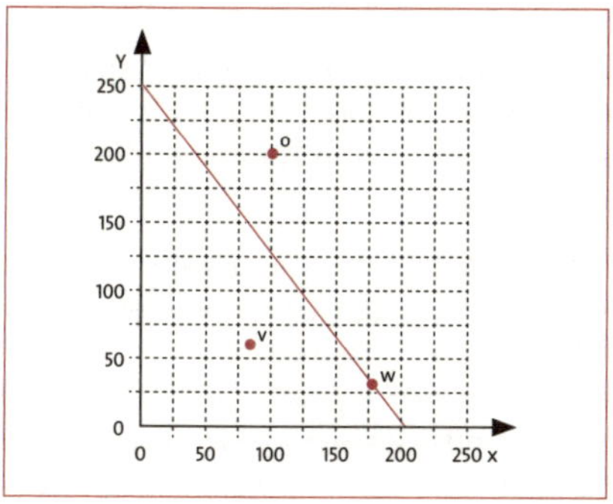

Der Haushalt kann sich alle Güterkombinationen von X und Y leisten, die sich auf bzw. unter der Budgetgerade befinden (W und V), nicht jedoch was rechts davon liegt (O).

Beispiel

Ein Haushalt mit einem Einkommen in Höhe von 1.000 € möchte die Güter X und Y kaufen, die 5 € bzw. 4 € pro Stück kosten. Die Fläche unter der Geraden zeigt die Budgetrestriktion des Haushalts mit einem Einkommen in Höhe von 1.000 €.

X 5 € · 200 Stück = 1.000 €

Y 4 € · 250 Stück = 1.000 €

2.3.4 Wirtschaftliches Handeln

a) Ausgangspunkt allen wirtschaftlichen Handelns sind die Bedürfnisse des Menschen.

Industrie- und Handelsbetriebe	Private Haushalte
↓ Güter kostengünstig herstellen oder einkaufen und gewinnbringend verkaufen	↓ wirtschaftlicher Umgang mit vorhandenem Einkommen
↓ Beispiele: Sonderangebote nutzen, günstigeres Material zur Herstellung verwenden und zum gleichen Preis wie vorher verkaufen, auf gleichwertige aber preiswertere Produkte ausweichen, Rabatte vereinbaren ...	↓

b) Der Gegensatz von vorwiegend unbegrenzten Bedürfnissen und knappen Ressourcen und der Wunsch, möglichst viele Bedürfnisse zu erfüllen, führen zur Anwendung des ökonomischen Prinzips.

2.3.5 Haushalte teilen sich auf in Privathaushalte und öffentliche bzw. staatliche Haushalte. Zu den Unternehmen zählen private und öffentliche (staatliche) Unternehmen.
Private Haushalte stellen Arbeitskraft, Kapital und Boden bereit für die Unternehmen und beziehen von diesen produzierte Konsumgüter und Dienstleistungen mit dem Einkommen aus un-

selbstständiger und selbstständiger Arbeit, aus Vermögen und über Transferzahlungen (z.B. Kindergeld, Wohngeld, BAföG) der öffentlichen Haushalte.
Unternehmen produzieren Güter und Dienstleistungen in Form von Konsumgütern (zur Erfüllung von Bedürfnissen der Haushalte) und Investitionsgütern (zur Herstellung weiterer Güter von Unternehmen).
Der Staat erstellt die Rahmenbedingungen des Wirtschaftens und greift in Form von Gesetzen und Verordnungen ein.

2.3.6

Erwerbswirtschaftliches Prinzip	Genossenschaftliches Prinzip	Gemeinwirtschaftliches Prinzip
Ziel = maximaler Gewinn (z.B. Industriebetriebe)	Ziel = Förderung der Wirtschaft der einzelnen Mitglieder (z.B. landwirtschaftliche Genossenschaft als Zusammenschluss von Landwirten)	Ziel = Deckung des Bedarfs der Allgemeinheit mit bestimmten Gütern zu kostendeckenden Preisen (z.B. öffentlicher Personennahverkehr)

Die drei Wirtschaftsprinzipien

2.3.7 Umsatzkennzahlen (z.B. Umschlagskoeffizienten, Umschlagsdauer), Produktionskennzahlen (Kosten im Verhältnis zum Ertrag oder zur Zeit), Personal-, Rentabilitäts-, Finanzierungs-, Vermögens-, Liquiditätskennzahlen usw.

3 Produktionsprozess

- Produktionsfaktoren
- betriebliche Funktionen
- Human Capital
- Bildung
- Kombination und Substitution

3.1 Übungsaufgaben Set 1

3.1.1 Erläutern Sie Betriebsmittel.

3.1.2 Erklären Sie Kapazität bezogen auf einen Betrieb.

3.1.3 Erarbeiten Sie, welche kostenorientierten Standortfaktoren für einen Industriebetrieb von Bedeutung sind.

3.1.4 Führen Sie aus, was unter Kapital als Produktionsfaktor zu verstehen ist.

3.1.5 Unterscheiden Sie, welche Produktionsfaktoren zu den originären und den derivativen volkswirtschaftlichen Produktionsfaktoren zählen.

3.1.6 Nehmen Sie Stellung zu der folgenden Aussage: „Produktivität kann durch Arbeitsteilung gesteigert werden."

3.1.7 Eklären Sie, was man unter einer „Produktionsfunktion" versteht.

3.1.8 Begründen Sie, warum eine Produktionsfunktion für die ökonomische Analyse notwendig ist.

3.1.9 Führen Sie aus, warum das Arbeitsangebot mit steigendem Reallohn zunimmt.

3.1.10 Erläutern Sie, warum mit dem Reallohn und nicht mit dem Nominallohn argumentiert werden muss, um die Haushalte dazu zu bringen, Arbeit anzubieten.

3.2 Übungsaufgaben Set 2

3.2.1 Finden Sie Beispiele für die betriebswirtschaftlichen Produktionsfaktoren Betriebsmittel, Werkstoffe und dispositive Arbeit eines Speditionsunternehmens.

3.2.2 Ein Unternehmen will seine Kosten minimieren. Um die Arbeiten zu erledigen, hat es die nachstehend aufgeführten Möglichkeiten, die Produktionsfaktoren Arbeit und Betriebsmittel zu kombinieren:
Ein Angestellter verursacht in der für die Bearbeitung eines Vorgangs notwendigen Zeit 30 € Gehaltskosten. Mit dem Einsatz einer Betriebsmitteleinheit sind Kosten in Höhe von 40 € verbunden.
Bestimmen Sie, bei welcher Faktorkombination die Kosten am niedrigsten sind:
a) 8 Angestellte und 1 Betriebsmitteleinheit
b) 5 Angestellte und 2 Betriebsmitteleinheiten
c) 3 Angestellte und 3 Betriebsmitteleinheiten
d) 2 Angestellte und 4 Betriebsmitteleinheiten
e) 1 Angestellter und 8 Betriebsmitteleinheiten

3.2.3 Da wieder Lohnerhöhungen anstehen und ein Unternehmer die dadurch verursachten Kostenerhöhungen vermeiden möchte, ersetzt er in der Abteilung Qualitätskontrolle mehrere Arbeitsplätze durch eine automatische Prüfanlage. Erläutern Sie, welche Möglichkeit er gewählt hat, um eine möglichst kostengünstige Kombination der Produktionsfaktoren zu erreichen.

3.2.4 Unterscheiden Sie Roh-, Hilfs- und Betriebsstoffe.

3.2.5 Beschreiben Sie allgemein, was man unter einem Produktionsfaktor versteht.

3.2.6 Nennen Sie zwei volkswirtschaftliche Produktionsfaktoren, die ohne vorheriges Sparen verwendet werden können.

3.2.7 Nennen Sie Bereiche, in denen jeweils ein volkswirtschaftlicher Produktionsfaktor vorherrschend ist.

3.2.8 Charakterisieren Sie den Produktionsfaktor „Boden" und legen Sie fest, ob es sich bei folgenden Nutzungsmöglichkeiten um Standortboden, Abbauboden oder Anbauboden handelt:

a) Nutzung von Weideland
b) Bau eines Bürogebäudes
c) Umschneiden von Weihnachtsbäumen mit anschließender Wiederaufforstung
d) Anpflanzen einer Obstplantage
e) Gewinnung von Braunkohle

3.2.9 Der Produktionsfaktor „Kapital“ ersetzt in den Industriestaaten zunehmend den Produktionsfaktor „Arbeit“. Finden Sie Ursachen für diese Faktorsubstitution.

3.3 Übungsaufgaben Set 3

3.3.1 Erläutern Sie die Folgen bzw. was beachtet werden muss, wenn auf ein kapitalintensives Produktionsverfahren umgestellt wird.

3.3.2 Erklären Sie den Begriff „Minimalkostenkombination“.

3.3.3 Unterscheiden Sie den betriebswirtschaftlichen Kapitalbegriff vom volkswirtschaftlichen Kapitalbegriff.

3.3.4 In einem Betrieb arbeiten täglich 400 Mitarbeiter 7,5 Stunden. Sie erhalten einen Stundenlohn von 26 €. Die maschinenabhängigen Kosten belaufen sich auf 55.000 € und die Materialkosten auf 38.000 €. Nach Tarifverhandlungen wird der Stundenlohn auf 30 € angehoben. Die Geschäftsleitung möchte nun wissen, ob es günstiger wäre, verstärkt Maschinen statt Mitarbeiter einzusetzen. Die Maschinenkosten belaufen sich nach der Rationalisierung auf 125.000 € und es fallen pro betrachtetem Zeitraum nur noch 600 Arbeitsstunden an. Berechnen Sie die Gesamtkosten in der bisherigen Situation, nach Tariferhöhung und nach der Substitution von Mitarbeitern durch Maschinen. Entscheiden Sie, ob es sich für den Betrieb lohnt, verstärkt Maschinen einzusetzen.

3.3.5 Ein Betrieb erhält einen Auftrag über 20 Stück Blumengirlanden. Eine Girlande kann alternativ mit 4 Arbeiterstunden und 2 Maschineneinheiten oder mit 1 Arbeiterstunde und 3 Maschineneinheiten hergestellt werden. Beurteilen Sie, welches Verfahren der Meister wählen wird, wenn die Arbeiterstunde 18 € und die Maschineneinheit 25 € kostet.

3.3.6 Erläutern Sie
a) den Begriff „Produktion" in der Volkswirtschaftslehre und
b) die entsprechenden Produktionsfaktoren.

3.3.7 Beschreiben Sie
a) die betrieblichen Grundfunktionen eines Industriebetriebes und
b) den Begriff „Marketingmix"
jeweils mithilfe eines Beispiels.

3.3.8 Erläutern Sie „Geld- und Güterstrom" in Verbindung mit einem Industriebetrieb.

3.3.9 Beschreiben Sie
a) Planung und
b) Phasen des Planungsprozesses.

3.1 Lösungen Set 1

3.1.1 Betriebsmittel sind ein betriebswirtschaftlicher Produktionsfaktor. Hier werden alle Gegenstände eines Betriebes zur Durchführung der Produktion erfasst (z.B. Anlagen, Maschinen, Werkzeuge, Einrichtungen, Vorrichtungen).

3.1.2 Die Kapazität ist das Leistungsvermögen eines Betriebsmittels pro Zeiteinheit. Als Maßstäbe dienen Mengen (Stück, Liter, Kubikmeter, z.B. Stück pro Stunde), Zeit (Minuten, Stunden, z.B. Maschinenstunden pro Jahr) oder Wertgrößen (Euro, z.B. 500.000 € Wertschöpfung einer Maschine pro Halbjahr).

3.1.3 Personalkosten entsprechend der Qualifikation, Transportkosten für Rohstoffe und Fertigprodukte, Steuern, Gebühren, Abgaben, Kosten für Grund und Boden, Kosten für Umweltschutzauflagen, Kosten für eingesetztes Kapital usw.

3.1.4 Das Kapital als volkswirtschaftlicher Produktionsfaktor umfasst hergestellte Produktionsmittel, d.h. den Bestand an Sachkapital/Realkapital (Gebäude, Maschinen, Anlagen, Vorräte), der zur Güter- und Dienstleistungsproduktion eingesetzt werden kann. Geldkapital wird nur als Tauschmittel eingesetzt.

3.1.5
- originäre Produktionsfaktoren: Boden und menschliche Arbeit
- derivative (abgeleitete) Produktionsfaktoren: Bildung und Kapital; das Kapital wird durch Zusammenwirken von Boden, Arbeit und Bildung geschaffen.

3.1.6 Durch Arbeitsteilung entsteht erhöhte Routine und Geschicklichkeit der Mitarbeiter mit besserem Wissen über Einzelheiten der Tätigkeit. Außerdem wird Zeit eingespart, weil nicht ständig zwischen Arbeitsvorgängen gewechselt wird. Die Aufteilung in viele Arbeitsschritte ermöglicht den Einsatz von Maschinen. All diese Kriterien tragen zur Steigerung der Arbeitsproduktivität bei.

3.1.7 Der funktionale Zusammenhang zwischen dem Faktoreinsatz, z.B. Arbeit, und der daraus resultierenden Menge an Produktion wird durch die Produktionsfunktion ausgedrückt. Sie beschreibt den technischen Zusammenhang des ablaufenden Produktionsprozesses. Die Produktionsfunktion eines Einproduktunternehmens, das die Gütermenge x mit zwei Produktionsfaktoren herstellt, lautet $x = x\ (v_1, v_2)$, wobei v_1 und v_2 die Faktormengen angeben.

3.1.8 Für die ökonomische Analyse muss festgehalten werden,
- welche Gütermengen eine Volkswirtschaft produzieren,
- mit welchen Verfahren eine bestimmte Gütermenge produziert werden und
- wie gegebenenfalls die Produktion ausgeweitet werden kann.

Zur Beantwortung dieser Fragen muss u.a. eine Analyse der durch die Produktionsfunktion erfassten produktionstechnischen Zusammenhänge in einer Volkswirtschaft stattfinden.

3.1.9 Es wird die Annahme getroffen, dass die privaten Haushalte die Freizeit der Arbeit vorziehen. Deshalb müssen sie durch eine „Prämie" veranlasst werden, zugunsten der Arbeit auf Freizeit zu verzichten. Eine solche Prämie stellt der Reallohn dar. Je höher die Prämie ist, desto mehr werden die privaten Haushalte auf Freizeit verzichten.

3.1.10 Man geht davon aus, dass die Haushalte den Verlust des Nutzens aus dem Freizeitverzicht nur dann hinnehmen, wenn sie dafür einen Nutzenzuwachs aus zusätzlichem Konsum erhalten. Der Realkonsum hängt wiederum vom Reallohn ab und nicht vom Nominallohn.

3.2 Lösungen Set 2

3.2.1
- Betriebsmittel: Lagerhallen, Fahrzeuge, Gabelstapler usw.
- Werkstoffe: Kraft- und Schmierstoffe für die Lkw und für die Gabelstapler usw.
- dispositive Arbeit: Tätigkeit des Disponenten oder des Verkaufsleiters usw.

3.2.2 Die Faktorkombination unter c) mit 3 Angestellten und 3 Betriebsmitteleinheiten ist die günstigste. Sie verursacht Kosten in Höhe von 210 €.

3.2.3 Er hat teurere Produktionsfaktoren (hier: Arbeit) durch günstigere (hier: Maschinen) ersetzt. Man spricht in so einem Fall von „Substitution".

3.2.4 Werkstoffe wird als Überbegriff für Roh-, Hilfs- und Betriebsstoffe verwendet.
- Rohstoffe bilden den Hauptbestandteil des fertigen Erzeugnisses (z.B. Holz in der Möbelfertigung).
- Hilfsstoffe bilden einen Nebenbestandteil, gehen jedoch in das fertige Produkt ein (z.B. Schrauben).
- Betriebsstoffe sind notwendig, um die laufende Produktion aufrechtzuerhalten. Sie werden kein Teil des Fertigprodukts (z.B. Schmierstoffe für die Produktionsmaschinen).

3.2.5 Produktionsfaktoren sind alle Güter und Leistungen – sowohl materiell als auch immateriell – die zur Herstellung und Verwertung anderer Güter verwendet werden.

3.2.6 Boden und Arbeit

3.2.7 Der Produktionsfaktor „Arbeit" herrscht im Dienstleistungsbereich vor (Banken, Handel, Versicherungen). Der Produktionsfaktor „Boden" ist hauptsächlich in der Urproduktion, bei der Landwirtschaft und in der Fischerei zu finden. Das „Kapital" herrscht in voll automatisierten Produktionsbereichen vor (z.B. Erdölraffinerien, Mikrochip-Produktion).

3.2.8 Der Produktionsfaktor „Boden" ist absolut nicht vermehrbar und unbeweglich.
a) Anbauboden b) Standortboden c) Anbauboden
d) Anbauboden e) Abbauboden

3.2.9 Die Qualität der Produkte kann gesteigert werden, da Maschinen genauer arbeiten als Menschen. Da Maschinen auch schneller arbeiten und keinen „Urlaub" haben, kann die Produktionsgeschwindigkeit durch Automatisierung erhöht werden. Durch eine Produktion „rund um die Uhr" werden die Kapazitäten besser ausgelastet, sodass kostengünstiger produziert werden kann. Durch Wegfall der Lohnnebenkosten bleiben die Unternehmen international konkurrenzfähig.

3.3 Lösungen Set 3

3.3.1 Die Preiskalkulation wird von Tariferhöhungen fast nicht mehr betroffen. Die Produktivität nimmt zu, allerdings müssen die Kapazitäten ausgelastet sein, um wirtschaftliches Arbeiten zu gewährleisten. Sollte das Unternehmen nur über wenig Eigenkapital verfügen, besteht eine hohe Abhängigkeit von den Kreditzinsen, da diese immer pünktlich bezahlt werden müssen.

3.3.2 Die Minimalkostenkombination ist die kostengünstigste Kombination aller Produktionsfaktoren für die Erstellung eines bestimmten Gutes. Dabei werden die Produktionsfaktoren teilweise substituiert. Sie werden durch billigere ersetzt.

3.3.3 In der Betriebswirtschaft versteht man unter Kapital die Mittelherkunft, d.h. Eigenkapital und Fremdkapital. Damit werden das Anlagevermögen und das Umlaufvermögen finanziert. Der volkswirtschaftliche Kapitalbegriff dagegen bezeichnet damit die Mittelverwendung, d.h. die Investierung (Geld und Sachkapital).

3.3.4 Kostenanalyse des Betriebes:

	bisherige Situation	nach Tariferhöhung	Einsatz von mehr Maschinen
Materialkosten	38.000 €	38.000 €	38.000 €
Arbeitsstunden	400 · 7,5 = 3.000 Std.	3.000 Std.	600 Std.
Stundenlohn	26 €/Std.	30 €/Std.	30 €/Std.
Lohnsumme	78.000 €	90.000 €	18.000 €
Maschinenkosten	55.000 €	55.000 €	125.000 €
Gesamtkosten	171.000 €	183.000 €	181.000 €

Die Maschinenkosten steigen durch die Faktorsubstitution weniger stark als die gleichzeitige Ersparnis bei den Lohnkosten.

Erhöhung der Maschinenkosten:
125.000 € − 55.000 € = 70.000 €

Lohnkostenersparnis: 90.000 € − 18.000 € = 72.000 €

Möchte der Betrieb nach dem ökonomischen Prinzip handeln, muss er die Mitarbeiter durch Maschinen ersetzen.

3.3.5 Das erste Verfahren verursacht Kosten für die 20 Girlanden in Höhe von 2.440 €:

4 Stunden · 18 € + 2 Maschineneinheiten · 25 € = 122 € · 20 Stück = 2.440 €

Das zweite Verfahren verursacht Gesamtkosten in Höhe von 1.860 €:

1 Stunde · 18 € + 3 Maschineneinheiten · 25 € = 93 € · 20 Stück = 1.860 €

Der Meister wird das zweite Verfahren bevorzugen, wenn er die Minimalkostenkombination anstrebt.

3.3.6 Produktion und Produktionsfaktoren

a) Produktion: Erstellen einer betrieblichen Leistung (Sachgüter, Dienstleistungen)mit Produktionsfaktoren (z.B. Gebäude, Maschinen, Rohstoffe, menschliche Arbeitskraft).

b) Produktion ist nur möglich durch die Kombination der Produktionsfaktoren Arbeit, Boden und Kapital. Man spricht von originären (ursprünglichen) und derivativen (abgeleiteten) Produktionsfaktoren.

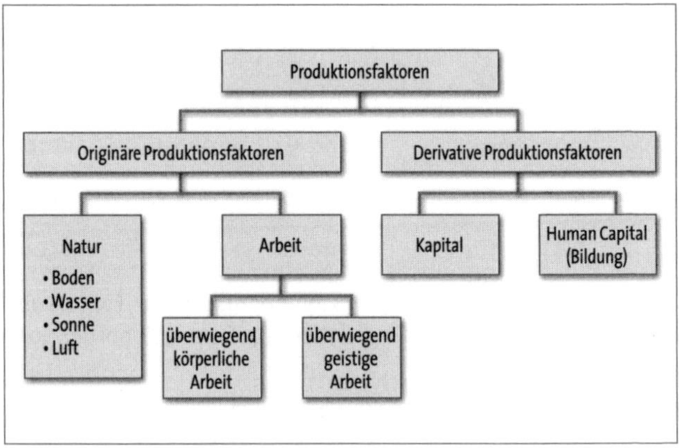

Übersicht: Produktionsfaktoren

Natur/Boden

Der Produktionsfaktor Natur liefert Boden, Wasser, Sonnenlicht und Luft. Boden kann nicht vermehrt werden und ist an eine bestimmte Lage gebunden. In der Landwirtschaft ist Boden ein Anbaufaktor, da Nahrungsmittel oder Rohstoffe angebaut werden. Zugleich ist Boden auch Abbaufaktor, da er Erdöl oder Kohle liefert. Und zum Dritten dient der Boden als Standortfaktor. Unternehmen siedeln sich z.B. dort an, wo sie gut an das Verkehrsnetz angebunden sind. Für andere Betriebe ist es wichtig, gleich in der Nähe ihrer Kunden zu sein.

Arbeit
Beim Produktionsfaktor Arbeit trennt man in überwiegend körperliche und überwiegend geistige Arbeit. Arbeit kann zum Teil durch die Arbeitsproduktivität gemessen werden, indem z.B. die hervorgebrachte Produktionsmenge zu der eingesetzten Arbeitszeit ins Verhältnis gesetzt wird. Zur vorwiegend geistigen Arbeit zählen verwaltende, organisierende und anordnende Tätigkeiten. Es kann nicht immer zwischen geistiger und körperlicher Tätigkeit getrennt werden, da z.B. ein Bildhauer sowohl schöpferisch tätig ist als auch bei der Erstellung seines Werkes seine Körperkräfte einsetzen muss. Die Tätigkeit von Führungskräften wird auch dispositive Arbeit genannt.

Kapital
Der Produktionsfaktor Kapital schließt alle in einem Produktionsprozess hergestellten Produktionsmittel ein. Man versteht darunter nur das Realkapital (Gebäude, Maschinen, Produkte) und nicht das Geldkapital. Geldkapital wird nur als Tauschmittel eingesetzt. Kapital wird als derivativer (abgeleiteter)Produktionsfaktor bezeichnet, da es erst aus der Kombination von Arbeit und Boden entsteht. Realkapital kann aber nur gebildet werden, wenn gespart wird (Konsumverzicht). Sparen bedeutet, dass auf die Ausgabe des Geldeinkommens verzichtet wird. Es wird Geldkapital gebildet, mit dem anschließend investiert werden kann. Diese Investition führt zur Bildung von Kapital im volkswirtschaftlichen Sinn.

Human Capital/Bildung
Die in einem Unternehmen gefertigte Stückzahl und die Qualität (auch der Dienstleistungen) hängen neben den Produktionsfaktoren Arbeit, Boden und Kapital auch vom Human Capital (Bildung) ab. Dies ist ebenfalls ein abgeleiteter (derivativer) Produktionsfaktor, da Bildung erst unter Konsumverzicht erworben werden muss. Wissen ist weltweit verfügbar und abrufbar. Wissen wird z.B. in Hochschulen und Forschungsinstituten produziert. Das Wissen wird u.a. in Produktionen, Verwaltung und Industrie transferiert und dort angewendet und erprobt. Die neu gewonnenen Erkenntnisse fließen wieder in Schulen und Forschungsinstitute.

3.3.7 a) Z.B. Materialwirtschaft, Logistik, Fertigung, Vertrieb (Absatz, Marketing), Finanzwirtschaft und Investition, Rechnungswesen, Forschung und Entwicklung, Personalwirtschaft

- Materialwirtschaft: Beschaffung und Bereitstellung der notwendigen Werkstoffe (Quantität und Qualität) zum richtigen Zeitpunkt am richtigen Ort zu möglichst günstigen Kosten.
- Logistik: Ökonomische Versorgung der Betriebsbereiche zur Leistungserstellung und termingerechte Bedienung der Kunden.
- Fertigung: Möglichst günstige Kombination der Produktionsfaktoren zur betrieblichen Leistungserstellung unter Einhaltung von Qualität, Stückzahl und Terminen

usw.

b) Die absatzpolitischen Instrumente Produktpolitik, Distributionspolitik, Kommunikationspolitik und Preis- und Konditionenpolitik ergeben zusammen den Marketingmix. Nach Analyse der Märkte und der Konkurrenten sollen durch optimalen und abgestimmten Einsatz der Instrumente vorhandene Kunden an das Unternehmen gebunden, neue Kunden geworben und die Wettbewerbsposition gestärkt werden. Beispiel: Schaukelpferde werden neu in das Sortiment aufgenommen.

- Produktpolitik umfasst Produktqualität, Sortiment, Marke, Kundendienst.

Beispiel: Die Schaukelpferde werden in verschiedenen Größen gebaut. Der Kunde kann Zubehörteile wählen. Es wird ein Pflege- und Reparaturdienst angeboten.

- Distributionspolitik umfasst Absatzkanäle, Warenverteilung.

Beispiel: Die Pferde werden über eigene Verkaufseinrichtungen und direkt über den Einzelhandel vertrieben.

- Kommunikationspolitik umfasst Öffentlichkeitsarbeit, persönlicher Verkauf, Verkaufsförderung, Werbung.

Beispiel: Die Werbung wird über Tageszeitungen und Prospekte betrieben. Zur Markteinführung wird ein Preisausschreiben entworfen. Die ersten 100 Kunden erhalten zusätzlich eine Kissengarnitur.

- Preis- und Konditionenpolitik umfasst Preis, Zahlungs- und Lieferungsbedingungen.

Beispiel: Gestaffelt nach Stückzahlen werden Mengenrabatte gewährt. Die maximale Lieferzeit wird mit zwei Tagen festgelegt. Die Zustellung erfolgt über Paketdienste.

3.3.8 Die Produktionsfaktoren Arbeit, Betriebsmittel und Werkstoffe werden vom Arbeitsmarkt, den Investitionsgütermärkten und den Rohstoffmärkten beschafft. Die dafür nötigen Mittel stellen die Kapitalgeber zur Verfügung, die als Gegenleistung Zinsen oder Gewinnanteile erhalten. Nach Erstellung der betrieblichen Leistung durch Kombination der Produktionsfaktoren wird diese auf dem Gütermarkt verkauft.

3.3.9 a) Planung = Führungsinstrument = Entscheidungsprozess = gedankliche Vorwegnahme von Abläufen, benötigt Informationen, arbeitet systematisch, legt Entscheidungs- und Handlungsspielräume fest.

b) Planungsprozess: Problemformulierung → Sammeln von Informationen → Entwicklung von Alternativen → Bewertung der Alternativen → Auswahl der günstigsten/besten Alternative.

4 Unternehmen, Europäische Union

- Rechtsformen
- Personen- und Kapitalgesellschaften
- Faktoren der Standortwahl
- Unternehmenszusammenschlüsse
- Globalisierung
- Europäischer Binnenmarkt und Grundfreiheiten
- Internationalisierung der Wirtschaftsbeziehungen
- globale Herausforderungen
- Finanzierung

4.1 Übungsaufgaben Set 1

4.1.1 Gesucht sind jeweils drei Argumente von Gegnern und Befürwortern von Unternehmenkonzentrationen.

4.1.2 Beschreiben Sie
a) was sich Unternehmen davon versprechen, wenn sie kooperieren,
b) den Unterschied zwischen Kooperation und Konzentration,
c) Interessengemeinschaft und Syndikat,
d) einige Arten von Kartellen,
e) den Unternehmenszusammenschluss in Form eines Konzerns,
f) die Entstehung eines Trusts,
g) horizontale, vertikale und diagonale (anorganische) Kooperation.

4.1.3 Erläutern Sie
a) Gefahren, die von Unternehmenskonzentrationen ausgehen können und
b) das Kartellgesetz (Gesetz gegen Wettbewerbsbeschränkungen = GWB).

4.1.4 Unterscheiden Sie verschiedene Arten von Investitionen.

4.1.5 Nennen Sie Faktoren der Standortwahl von Industrie- und Handelsbetrieben.

4.1.6 Beschreiben Sie Zielarten, die man in Unternehmen findet.

4.1.7 Beschreiben Sie Zielkonflikte, die in Unternehmen auftreten können.

4.1.8 Nennen Sie verschiedene Analysemethoden und erläutern Sie zwei davon.

4.1.9 Erläutern Sie, wozu die aus der Finanzbuchhaltung gewonnenen Informationen dienen.

4.2 Übungsaufgaben Set 2

4.2.1 Erläutern Sie, wie sich eine Senkung der Handelsschranken der WTO (World Trade Organization)-Mitgliedsländer auf die Logistikbranche auswirkt.

4.2.2 Referieren Sie zum Thema „Globalisierung".

4.2.3 Beschreiben Sie Aufgaben und Ziele der europäischen Einigung.

4.2.4 Charakterisieren Sie
a) die Europäische Union und nennen Sie einige ihrer Organe.
b) den Rat der Europäischen Union (Ministerrat).

4.2.5 Erläutern Sie Vorteile der Währungsunion.

4.2.6 Beschreiben Sie die gewöhnlich in vier Bereiche eingeteilten Veränderungen, die zur Schaffung eines gemeinsamen Binnenmarktes notwendig sind.

4.2.7 Existenzgründer bzw. Unternehmer haben die Wahl zwischen verschiedenen Rechtsformen bei Gründungen oder Umwandlungen.
a) Beschreiben Sie drei Möglichkeiten anhand von vier Kriterien.
b) Erläutern Sie je drei Vor- und Nachteile einer Unternehmensgründung.
c) Charakterisieren Sie einen Businessplan.

4.2.8 Beschreiben Sie
a) den Aufbau einer Bilanz.
b) welche Bilanzpositionen sich beim Kauf eines Lastkraftwagens per Banküberweisung ändern.
c) welche Bilanzpositionen sich bei Fremdfinanzierung einer Maschine ändern.
d) fixe und variable Kosten mit je drei Beispielen.

4.2.9 Die Schaffung des Europäischen Binnenmarktes bringt sowohl positive als auch negative Auswirkungen für Unternehmen und die Volkswirtschaft eines Landes mit sich. Erläutern Sie vier Effekte.

4.1 Lösungen Set 1

4.1.1
- Argumente gegen Unternehmenskonzentrationen: Das Angebot wird reduziert, sodass überhöhte Preise entstehen. Die Konkurrenz spielt keine oder fast keine Rolle mehr. Darunter leiden Forschung und Rationalisierung. Durch Konzentrationen entstehen übergroße Verwaltungsapparate, was ebenfalls zu erhöhten Preisen führt.
- Argumente für Unternehmenskonzentrationen: Werden überhöhte Preise verlangt, weichen die Nachfrager auf Substitutionsgüter aus. Die durch Konzentrationen erzielten Gewinne fördern Forschung und Investitionen. Verwaltungen werden zusammengelegt und rationalisiert. Ein großes Unternehmen kann besser auf Globalisierung reagieren. Ebenso ist die Kapitalbeschaffung einfacher.

4.1.2 Kooperationsformen
a) Einsparung von Kosten durch Zusammenlegung betrieblicher Funktionen, Verminderung des Wettbewerbs bzw. Verbesserung der Wettbewerbsposition durch Stärkung der Machtposition, Nutzung von Synergieeffekten usw.
b) Kooperation ist die Zusammenarbeit von wirtschaftlich und rechtlich selbstständigen Unternehmen, wobei die wirtschaftliche Selbstständigkeit zum Teil aufgegeben werden kann. Konzentration ist der Zusammenschluss von Unter-

nehmen durch Aufgabe der rechtlichen und/oder wirtschaftlichen Selbstständigkeit.

c) Eine Interessengemeinschaft ist eine vertragliche Vereinbarung rechtlich selbstständiger Unternehmen zur Förderung gemeinsamer wirtschaftlicher Interessen. Ein Syndikat wird gemeinsam von den beteiligten Unternehmen gegründet. Aufgabe ist es, für diese den kompletten Vertrieb durchzuführen. Eine solche Form der Kooperation eignet sich bei homogenen Gütern.

d) Ein Kartell ist ein Zusammenschluss wirtschaftlich und rechtlich selbstständiger Unternehmen, die allerdings ihre wirtschaftliche Selbstständigkeit zur Beschränkung des Wettbewerbs auf einigen Gebieten aufgeben.
Arten von Kartellen (Beispiele):
   - Preiskartell: Vereinbarung gemeinsamer Absatzpreise
   - Konditionenkartell: Vereinbarung gemeinsamer Lieferungs- und Zahlungsbedingungen bzw. gemeinsamer Geschäftsbedingungen
   - Quotenkartell: Vereinbarung über Absatzquoten
   - Gebietskartell: gemeinsame Aufteilung der Absatzgebiete
   - Normen- und Typenkartell: Vereinbarung gemeinsamer Normen und Typen

e) Ein Konzern ist ein Zusammenschluss rechtlich selbstständiger Unternehmen unter einheitlicher Leitung durch Vertrag oder Kapitalverflechtung bei Aufgabe der wirtschaftlichen Selbstständigkeit.

f) Ein Trust entsteht durch Fusion, also die Verschmelzung von zwei oder mehreren Unternehmen. Es entsteht ein neues Unternehmen. Die rechtliche und wirtschaftliche Selbstständigkeit der einzelnen Unternehmen wird aufgegeben.

g) Bei einer horizontalen Kooperation kooperieren Unternehmen der gleichen Wirtschaftsstufe (z.B. Bauunternehmer oder Banken). Bei der vertikalen Kooperation arbeiten Unternehmen aufeinanderfolgender Wirtschaftsstufen zusammen (z.B. Brauerei mit Kneipen oder Sägewerk mit Möbelfabrik). Bei der diagonalen (anorganischen) Kooperation kooperieren Unternehmen verschiedener Wirtschaftsstufen, deren Erzeugnisse in keinem Zusammenhang stehen (z.B. Schulbuchverlag und Reisebüro).

4.1.3 Gefahren von Unternehmenskonzentrationen und Kartellgesetz

a) Beschränkung des freien Wettbewerbs zum Nachteil der Verbraucher und kleineren Anbieter; die Ausübung politischer Macht und die Schaffung von ungünstigeren Bedingungen als auf vergleichbaren Märkten

b) § 1 GWB: Verbot wettbewerbsbeschränkender Vereinbarungen:

„Vereinbarungen zwischen Unternehmen, Beschlüsse von Unternehmensvereinigungen und aufeinander abgestimmte Verhaltensweisen, die eine Verhinderung, Einschränkung oder Verfälschung des Wettbewerbs bezwecken oder bewirken, sind verboten.“

Es gibt eine Vielzahl von Ausnahmeregelungen, die unter bestimmten Bedingungen einen marktbeherrschenden Zusammenschluss von Unternehmen dennoch erlauben, etwa, wenn die Unternehmen nachweisen, dass die Wettbewerbsbedingungen dadurch verbessert werden oder es im Interesse der Allgemeinheit geschieht. Die Erlaubnis zum Unternehmenszusammenschluss erteilt der Bundesminister für Wirtschaft (Ministererlaubnis).

4.1.4

- Anlageinvestitionen: Maschinen, maschinelle Anlagen, Gebäude
- Ersatzinvestitionen (Reinvestitionen, Kapitalerneuerung): technisch überholte Anlagen werden ersetzt
- Neuinvestitionen (Kapitalerweiterung): Modernisierung der Anlagen
- Vorratsinvestitionen: Roh-, Hilfs- und Betriebsstoffe, die noch nicht in die Produktion weitergeleitet werden, auch Vorräte an Einbauteilen oder Lagerbestände an Halb- und Fertigerzeugnissen

4.1.5 Möglichkeiten der Materialbeschaffung, Absatzmöglichkeiten, Abgaben und Steuern, Verkehrsanbindung bzw. Infrastruktur, Energie, Umweltschutz, Arbeitskräfte usw.

4.1.6 Zielarten in Unternehmen:
- monetäre (Gewinn, Umsatz, Deckungsbeitrag) und nicht-monetäre Ziele (Marktanteil, Wachstumsziele, Image)
- Ober-, Zwischen- und Unterziele (Rangordnung)
- unbegrenzte (Gewinnmaximierung) und begrenzte Ziele (Steigerung um 5 %)
- komplementäre, konkurrierende und indifferente Ziele (Beziehungen zwischen den Zielen)
- lang-, mittel- und kurzfristige Ziele (zeitliche Festlegung)

4.1.7 Zielkonflikte in Unternehmen:
- Individualkonflikte (Ziele des Unternehmens und Zielvorstellungen der Mitarbeiter)
- hierarchisch bedingte Konflikte (Meister – Gruppenleiter – Mitarbeiter)
- organisatorische Konflikte zwischen einzelnen Abteilungen (Einkauf möchte große Mengen bestellen, Lager möchte wenig einlagern)
- finanzwirtschaftliche Konflikte (möglichst hohe Liquidität bei möglichst guter Rentabilität)
- Konflikt bei der Kalkulation der Absatzpreise (Einerseits sollen alle Kosten an die Kunden weiterverrechnet werden. Andererseits soll das Produkt möglichst günstig – z.B. als Lockangebot – dargeboten werden.)

4.1.8 Analysiert werden z.B. Konkurrenz, Markt, Potenzial, Lücken, Portfolio, Nutzwert, Stärken/Schwächen usw.

Lückenanalyse
Eine Lücke ist der Abstand zwischen dem Zustand, der möglich wäre und dem, was tatsächlich vorhanden ist (Gewinnlücke, Leistungslücke).

Stärken-Schwächen-Analyse
Es handelt sich um eine gegenwartsbezogene Analyse. Bei Berücksichtigung der künftigen Unternehmensentwicklungen lassen sich die Chancen und Risiken besser einschätzen. Die Stärken und Schwächen des eigenen Unternehmens werden mit denen der Wettbewerber verglichen. Meist wählt man den stärksten Konkurrenten. Zusätzlich sollte eine Gewichtung der Kriterien erfolgen. Außerdem ist eine genaue Legende festzulegen.

Beispiel

		Vergleich mit stärkstem Konkurrenten			
Kriterium	Gewichtung	1	2	3	4
Sortiment	3		x		
Fertigung	5				x
Personal	4		x		
Einkauf	3	x			
usw.					

Eingetragenes Beispiel: Im Vergleich mit dem stärksten Konkurrenten erhält das eigene Unternehmen beim Kriterium „Sortiment“ die Note 2. Die Gewichtung erfolgt mit 3.

Portfolio-Analyse

Ziel ist es, die optimale Zusammensetzung der Produkte des Unternehmens zu finden, des sogenannten Produktportfolios. Produkte bzw. Dienstleistungen werden zu strategischen Geschäftsfeldern zusammengefasst und auf einer Vier-Felder-Matrix (BCG-Matrix) abgebildet. Man erhält dabei die vier Felder „cash cows“ (Milchkühe), „stars“, „question marks“ (?) und „poor dogs“ (Problemprodukte).

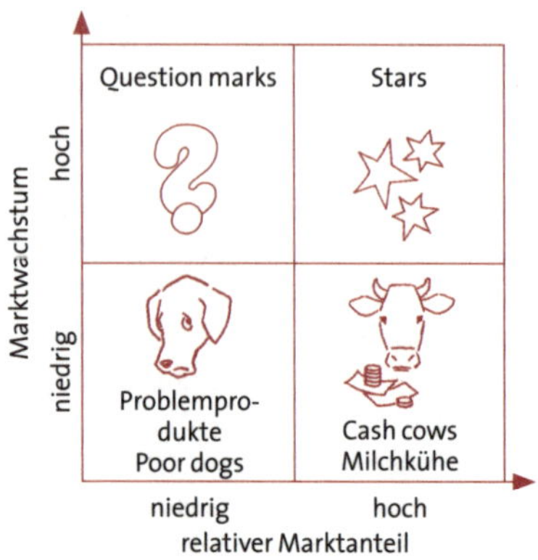

Vier-Felder-Matrix der Portfolio-Analyse

4.1.9 Sie dienen beispielsweise der Erfolgsermittlung zum Zweck der Besteuerung, der Selbstinformation der Geschäftsleitung und der Kontrolle der Wirtschaftlichkeit. Sie liefern Daten zur Planung und Steuerung oder Kalkulation der Angebotspreise.

4.2 Lösungen Set 2

4.2.1 Die internationale Arbeitsteilung wird sich langfristig verstärken und mehr internationale Transporte verursachen.

4.2.2 Globalisierung der Wirtschaft ist nichts anderes als die internationale Arbeitsteilung. Durch die Globalisierung der Finanzmärkte können Ersparnisse weltweit in Investitionen umgesetzt werden. Auch auf dem Markt der Dienstleistungen findet weltweites Wachstum statt. Aufgrund der Globalisierung lassen sich verschiedene Entwicklungen feststellen. So setzt sich z.B. die Ideologie des freien Marktes immer mehr durch. Technischer Fortschritt, Kommunikation und Vernetzung werden immer weiter verbessert. E-Mail und Videokonferenzen sind Selbstverständlichkeiten. Durch die Öffnung der Grenzen können auch ausländische Konkurrenten Binnenmärkte besetzen. Ein Unternehmen wird als Global Player bezeichnet, wenn es in vielen Regionen der Welt präsent ist und sich die Errichtung einzelner Abteilungen am besten Standort orientiert. Zu den entscheidenden Standortfaktoren zählen Aufbau einer modernen Telekommunikationsstruktur und Internetanschlüsse.

4.2.3 Förderung des europäischen Handels; Ausgleich unterschiedlicher regionaler Entwicklungen; Zusammenarbeit auf den Gebieten Forschung, Umweltschutz und Justiz; Schaffung einer gemeinsamen Außen-, Sicherheits- und Sozialpolitik; Aufbau einer Wirtschaftsunion usw.

4.2.4 Organe der EU

a) Die Europäische Union ist eine übernationale (supranationale) Organisation der Mitgliedsstaaten. Ein Teil der nationalen Hoheitsrechte ist auf die Europäische Union übertragen worden. Innerhalb der Europäischen Union wird ein gemeinsamer Markt ohne Binnengrenzen angestrebt.

Die Europäische Union verfügt über folgende Organe:
- Europäischer Rat
- Rat der Europäischen Union
- Europäische Kommission
- Europäisches Parlament
- Europäischer Gerichtshof
- Europäische Investitionsbank
- Europäischer Rechnungshof
- Wirtschafts- und Sozialausschuss
- Ausschuss der Regionen

b) Der Rat der Europäischen Union (Ministerrat) ist die Vertretung der Mitgliedsländer durch ihre Minister (Vertretung nationaler Interessen). Der Ministerrat ist – in Zusammenarbeit mit dem Europäischen Parlament – das gesetzgebende Organ der EU. Der Vorsitz (Ratspräsident) wechselt alle sechs Monate zwischen den Mitgliedsländern.

4.2.5 Wegfall von Kosten (kein Geldwechsel mehr) und des Währungsrisikos im innergemeinschaftlichen Handel; Vereinfachung des innergemeinschaftlichen Handels; höhere Preistransparenz; die gemeinsame europäische Währung hat ein stärkeres weltweites Gewicht; der Euro wird Leitwährung neben dem Dollar; feste Kalkulationsgrundlage usw.

4.2.6 Freier Warenverkehr (Abbau aller Handelsbeschränkungen innerhalb der EU); Freizügigkeit (freie Einreise, freier Aufenthalt, freies Wohnrecht, Niederlassungsfreiheit und Freiheit der Arbeitsplatzwahl innerhalb der Europäischen Union); freier Dienstleistungsverkehr; freier Kapitalverkehr (Geldanleger können ihr Geld in ganz Europa ohne Einschränkungen verteilen.)

4.2.7 Rechtsformen bei Gründungen und Umwandlungen

a)
- Personengesellschaften: OHG, KG, GbR (Gesellschaft des bürgerlichen Rechts), Stille Gesellschaft, GmbH & Co. KG
- Kapitalgesellschaften: GmbH, AG

Rechtsform	Gesellschaft mit beschränkter Haftung (GmbH) bzw. UG (haftungsbeschr.)	Aktiengesellschaft (AG)
Rechtsnormen	GmbH-Gesetz	Aktiengesetz
Anzahl der Gründer	mind. 1 Gesellschafter	mind. 1 Aktionär
Eigenkapital	Stammeinlagen der Gesellschafter	Übernahme der Aktien durch die Gründer
Mindestkapital (bei Gründung)	Stammkapital mind. 25.000 € (Mindesteinzahlung bei Gründung 12.500 €), bei UG ab 1 €	Grundkapital mind. 50.000 € (Mindesteinzahlung bei Gründung 12.500 €)
Mindesteinlage (bei Gründung)	Stammeinlage mind. 1 €	Aktie mind. 1 € nominal
Haftung der Beteiligten	Haftung beschränkt auf das Gesellschaftsvermögen	Haftung beschränkt auf das Gesellschaftsvermögen
Leitungsbefugnisse	Geschäftsführer	Vorstand
weitere Organe	Gesellschafterversammlung (fakultativ: Beirat)	Aufsichtsrat; Hauptversammlung
gesetzliche Gewinnverteilung	anteilig nach Stammeinlage (= Geschäftsanteil), soweit vertraglich nichts anderes bestimmt; bei UG Pflicht zur Bildung einer Rücklage	Dividende anteilig nach Anzahl der Aktien
Eintragung ins Handelsregister	ja	ja

Übersicht: GmbH und AG

Rechtsform	Offene Handelsgesellschaft (OHG)	Kommanditgesellschaft (KG)
Rechtsnormen	§§ 105-160 HGB	§§ 161-177a HGB
Anzahl der Gründer	mind. 2	mind. 1 Komplementär und 1 Kommanditist
Eigenkapital	Einlagen der Gesellschafter	Einlagen der Gesellschafter
Mindestkapital (bei Gründung)	keines	keines
Mindesteinlage (bei Gründung)	keine	keine
Haftung der Beteiligten	jeder Gesellschafter haftet unbeschränkt, unmittelbar und solidarisch	Komplementär voll mit ganzem Vermögen, Kommanditist beschränkt auf die geleistete Einlage
Leitungsbefugnisse	alle Gesellschafter, ggf. nur gemeinsam	nur Komplementär
weitere Organe	keine	keine
gesetzliche Gewinnverteilung	4 % auf Kapitaleinlage, Rest nach Köpfen (soweit vertraglich nichts anderes bestimmt)	4 % auf Kapitaleinlage, Rest in angemessenem Verhältnis (soweit vertraglich nichts anderes bestimmt)
Eintragung ins Handelsregister	ja	ja

Übersicht: OHG und KG

Einzelunternehmen: volle Kontrolle, volle Haftung

- für Einstieg gut geeignet (z.B. für Dienstleister, Handwerker)
- entsteht automatisch bei Geschäftseröffnung
- nur ein Betriebsinhaber
- kein Mindestkapital
- volle Haftung mit Privatvermögen

GmbH & Co. KG: Haftungsbeschränkung

- beschränkte Haftung mit der Flexibilität einer Personengesellschaft
- KG mit GmbH (anstelle einer natürlichen Person) als persönlich haftende Gesellschafterin (Komplementärin)
- Kommanditisten (Teilhaber) sind die Gesellschafter der GmbH
- Haftung wie bei einer GmbH
- Entscheidungsbefugnis beim Komplementär

Das neue GmbH-Recht (seit 01.11.2008)

Die GmbH als Unternehmensform soll international so wettbewerbsfähig sein wie die englische Limited. Eine UG ist eine GmbH mit einem Stammkapital, das unter der gesetzlich vorgesehenen Einlage liegt. Die Mindesteinlage beträgt 1 €. Die Gründung ist ohne sofortige Einzahlung des sonst üblichen Stammkapitals möglich. Diese Form der GmbH trägt die rechtlich verpflichtende Bezeichnung: „Unternehmergesellschaft haftungsbeschränkt", kurz: „UG (haftungsbeschränkt)". Gewinne dürfen nicht voll ausgeschüttet werden, ein Viertel davon muss in eine Rücklage eingestellt werden. Die UG soll das Mindestkapital der normalen GmbH ansparen. Erreicht die UG ein Stammkapital von 25.000 €, kann sie in eine „normale" GmbH umgewandelt werden, deren Stammkapital 25.000 € beträgt.

Gründungserleichterungen

- Nur bei „erheblichem Zweifel" prüft das Registergericht die Einlagen. Das kann der Fall sein, wenn z.B. ein uralter PKW ohne Marktwert mit 9.000 € angesetzt wird.
- Es sind keine öffentlichen Genehmigungen zur Eintragung nötig (z.B. Handwerksordnung, Gaststätten-Gesetz, Gewerbeordnung).
- Die Firmengründer können den Verwaltungssitz (nicht den Satzungssitz!) ins Ausland verlegen. Verlegte man den Satzungssitz ins Ausland, würde die GmbH nach wie vor aufgelöst.

b) Vorteile: Umsetzung eigener Ideen, Gewinn kann im Unternehmen gelassen werden, freie unternehmerische Entscheidungen, Wahl der günstigsten Rechtsform
Nachteile: hohe zeitliche Beanspruchung, unternehmerisches Risiko, Gefahr der Insolvenz und Arbeitslosigkeit, Verlust des Eigenkapitals und Verschuldung

c) Ein Geschäftsplan (Businessplan) baut auf einer Geschäftsidee auf und verdeutlicht das unternehmerische Vorhaben. Dazu müssen Teilpläne entworfen werden (Beschaffungs-, Produktions-, Finanz-, Marketingplan usw.), die als Orientierungshilfe für den Unternehmer selbst dienen. Außerdem dient ein Businessplan dazu, Geschäftspartner zu gewinnen und Banken zur Kreditvergabe zu veranlassen.
Mögliche Inhalte eines Businessplans: Geschäftsidee (Produkt, Service, Unterschied zur Konkurrenz), persönliche Voraussetzungen (Ausbildung, Fähigkeiten, Erfahrung, Partner), Markteinschätzung (Kunden, Marktvolumen, Kontakte), Wettbewerbssituation (Konkurrenten, Preise, Nutzen), Produktion (Betriebsstruktur, Materialien, Personal, Qualifikation, Lieferanten), Standortwahl, Zukunftsaussichten, Rechtsform, Genehmigungen, Versicherungen usw.

4.2.8 Bilanz

a) Aktivseite = Mittelverwendung = Investition = Vermögen = Anlagevermögen und Umlaufvermögen
Passivseite = Mittelherkunft = Finanzierung = Kapital = Eigenkapital und Fremdkapital

Aktiva	vereinfachte Bilanz Passiva
I. Anlagevermögen	I. Eigenkapital
1. Grundstücke	II. Fremdkapital
2. Gebäude	1. Hypothekenschulden
3. Fuhrpark	2. Darlehensschulden
4. Büro- und Geschäftsausstattung	3. Verbindlichkeiten aus Lieferungen und Leistungen

II. Umlaufvermögen 1. Warenvorräte 2. Forderungen aus Lieferungen und Leistungen 3. Kasse 4. Bank	
Bilanzsumme	Bilanzsumme

Aktivseite: Reihenfolge nach Flüssigkeit bzw. Liquidität
Passivseite: Reihenfolge nach Fristigkeit bzw. Fälligkeit

b) Aktivtausch: Das Konto „Fuhrpark" (Anlagevermögen) nimmt zu. Das Konto „Bank" (Umlaufvermögen) nimmt ab.

c) Aktiv-Passiv-Mehrung, Bilanzverlängerung: Das Konto „Maschinen" (Anlagevermögen) nimmt zu. Die Schulden (Bankkredit) nehmen ebenfalls zu.

d) Fixe Kosten sind beschäftigungsunabhängig (z.B. Miete, Zinsen, Versicherung, Abschreibungen). Pro Monat oder Jahr zahlt oder kalkuliert man immer den gleichen Betrag.
Variable Kosten sind beschäftigungsabhängig (z.B. Kraftstoffverbrauch, Materialverbrauch, Fertigungslöhne). Pro Stunde oder Stück ergibt sich immer der gleiche Betrag.

4.2.9 Durch die Möglichkeit der Kreditaufnahme in jedem EU-Land können günstige Zinsen ausgenutzt werden. Durch größere Konkurrenz sinken die Kosten z.B. im Dienstleistungsbereich. Durch Zugriff auf einen größeren Markt (Export, Import) sinken die Produktionskosten. Die Niederlassungsfreiheit erlaubt die Zuwanderung billigerer Arbeitskräfte. Die Arbeitslosigkeit kann steigen.

5 Wirtschaftsordnungen

- Freie und soziale Marktwirtschaft
- Zentralverwaltungswirtschaft

5.1 Übungsaufgaben Set 1

5.1.1 Beurteilen Sie, ob es eine Marktwirtschaft ohne Privateigentum an Produktionsmitteln geben kann.

5.1.2 Erläutern Sie, woran die Haushalte in einer Marktwirtschaft feststellen, ob ein Gut knapp wird.

5.1.3 Beschreiben Sie das Modell der Marktwirtschaft.

5.1.4 Stellen Sie dar, was man unter dem Subsidiaritätsprinzip versteht.

5.1.5 Referieren Sie über die Aufgaben, die der Staat in der sozialen Marktwirtschaft übernimmt.

5.1.6 Gehen Sie darauf ein, wie sich im Zuge der Globalisierung die Verflechtung der Volkswirtschaften zeigt.

5.1.7 Entscheiden Sie, welche der folgenden Aussagen nicht auf das Modell der freien Marktwirtschaft zutrifft.

a) Die Unternehmen sind für ihre Produktionspläne selbst verantwortlich.
b) Die Haushalte stellen ihre individuellen Verbrauchspläne auf.
c) Der Staat greift korrigierend durch Sozial-, Wettbewerbs- und Konjunkturpolitik in das Marktgeschehen ein.
d) Angebot und Nachfrage gleichen sich über den Preis auf dem Markt aus.

5.1.8 Zeigen Sie die Schwächen der Zentralverwaltungswirtschaft auf.

5.1.9 Erläutern Sie die Funktion des Wettbewerbs in der freien Marktwirtschaft.

5.2 Übungsaufgaben Set 2

5.2.1 Ordnen Sie die folgenden Aussagen der Zentralverwaltungswirtschaft oder der Marktwirtschaft zu.

a) Die Preise kommen durch Wettbewerb zustande.
b) An den Produktionsmitteln herrscht Kollektiveigentum.
c) Produktion und Konsum werden zentral geplant und kontrolliert.
d) Die Planung erfolgt dezentral über den Markt.
e) Es herrscht Vertrags- und Gewerbefreiheit.
f) Die individuellen ökonomischen Freiheiten sind stark eingeschränkt.

5.2.2 Beschreiben Sie, wie versucht wird, die im Folgenden aufgeführten Nachteile der freien Marktwirtschaft in der sozialen Marktwirtschaft zu vermeiden:

a) Ausbeutung der Arbeitnehmer
b) keine Absicherung im Krankheitsfall oder bei Arbeitslosigkeit
c) Wirtschaftskrisen
d) Zusammenschluss von Unternehmen und Monopolbildung
e) ungleiche Einkommensverteilung

5.2.3 Nennen Sie die zentralen Fragen einer Gesamtwirtschaft, wenn es gilt, die individuellen Pläne und Aktivitäten der Wirtschaftssubjekte aufeinander abzustimmen und zu koordinieren.

5.2.4 Erläutern Sie

a) den Begriff „Wirtschaftsordnung“ und
b) die Grundprobleme von Wirtschaftsgesellschaften.

5.2.5 Beschreiben Sie das System der freien Marktwirtschaft.

5.2.6 Erläutern Sie das System der Zentralverwaltungswirtschaft.

5.2.7 Stellen Sie die Marktwirtschaft und die Zentralverwaltungswirtschaft vergleichend einander gegenüber. Analysieren Sie die Kriterien Lenkungsmechanismus, Motivation und Eigentumsordnung.

5.2.8 Beschreiben Sie das System der sozialen Marktwirtschaft mit Blick auf die Aufgaben bzw. Funktionen, die der Staat dabei übernimmt.

5.2.9 In der Bundesrepublik Deutschland findet man die soziale Marktwirtschaft. Es ist ein Spannungsverhältnis festzustellen zwischen den Forderungen nach größtmöglicher Freiheit und sozialer Gerechtigkeit. Der Staat soll den freien Wettbewerb schützen und soziale Gerechtigkeit und Sicherheit gewährleisten mithilfe der Struktur-, Sozial-, Prozess- und Ordnungspolitik. Führen Sie aus, was diese Bereiche beinhalten.

5.1 Lösungen Set 1

5.1.1 Da Privateigentum die Voraussetzung für optimales Handeln der Wirtschaftssubjekte ist, ist eine Marktwirtschaft ohne Privateigentum nicht möglich.

5.1.2 Ein Gut wird knapp, wenn die Preise steigen. Steigende Preise sind ein Indikator für Knappheit.

5.1.3 Die Unternehmen streben als oberstes Ziel die Gewinnmaximierung an. Die Produktionsplanung findet in den Unternehmen statt und geht nicht vom Staat aus. Die individuelle Freiheit des Einzelnen wird beachtet. Arbeitgeber und Arbeitnehmer vereinbaren Löhne und Gehälter ohne Einmischung des Staates. Der Preis bildet sich durch Angebot und Nachfrage. Die Unternehmen setzen die Produktionsfaktoren in gewinnbringenden Bereichen ein. Es besteht das Risiko der Arbeitslosigkeit. Es herrscht Konsumfreiheit. Es kann zu Machtkonzentrationen und Monopolen kommen, wobei schwächere Marktteilnehmer verdrängt werden. usw.

5.1.4 Zunächst ist jeder auf sich selbst angewiesen. Kann er sich nicht selbst helfen oder ist dazu nicht mehr in der Lage, wird er von der Gesellschaft unterstützt.

5.1.5 Ausgleichsfunktion (z.B. Sozialpolitik), Ordnungsfunktion (z.B. Wettbewerbspolitik), Steuerungsfunktion (z.B. Konjunkturpolitik), Schutzfunktion (z.B. Umweltschutzpolitik)

5.1.6 Arbeitsmobilität, internationaler Handel, Kapitalmobilität, Verbreitung von technischem Fortschritt

5.1.7 Die Aussage unter c) ist typisch für die soziale Marktwirtschaft. Im Modell der freien Marktwirtschaft greift der Staat nicht korrigierend in das Marktgeschehen ein.

5.1.8 Die Zentralverwaltungswirtschaft ist bei der Planung überfordert, da sie die notwendigen Datenmengen nicht erfassen und verarbeiten kann. Produktionsfaktoren werden gehortet, weil die Betriebe niedrige Soll-Vorgaben anstreben. Je umfangreicher der Planansatz ist, umso größer ist die Gefahr von Fehlausrichtungen der Produktion. Die einheitlich festgelegten Preise dienen nicht mehr als Knappheitsanzeiger. Die Preise stehen nicht in direktem Bezug zu den Produktionskosten.

5.1.9 Durch den Wettbewerb soll verhindert werden, dass einzelne Anbieter oder Nachfrager wirtschaftliche Macht ausüben können. Dadurch könnte es dazu kommen, dass die wirtschaftlichen Interessen zu Lasten anderer Wirtschaftsteilnehmer durchgesetzt werden. Der Wettbewerb zwingt die Marktteilnehmer zu effizientem und kostengünstigem Verhalten.

5.2 Lösungen Set 2

5.2.1 Zentralverwaltungswirtschaft oder Marktwirtschaft?
a) Marktwirtschaft
b) Zentralverwaltungswirtschaft
c) Zentralverwaltungswirtschaft
d) Marktwirtschaft
e) Marktwirtschaft
f) Zentralverwaltungswirtschaft

5.2.2 Soziale Marktwirtschaft vs. Freie Marktwirtschaft
a) Arbeitsschutzgesetze, Koalitionsfreiheit, Arbeitsrecht
b) Sozialversicherungen
c) antizyklische Wirtschaftspolitik des Staates
d) Bundeskartellamt, Wettbewerbsgesetze
e) Transferzahlungen, Vermögensbildungsgesetze, Steuerprogression

5.2.3 Es ist hauptsächlich zu klären, wer bestimmen soll, auf welche Weise Güter und Dienstleistungen an welchen Orten produziert werden und wie die Verteilung erfolgt.

5.2.4 a) Eine Wirtschaftsordnung umfasst alle Ziele, Vorschriften, Mechanismen und Institutionen, die den Aufbau und Ablauf einer Volkswirtschaft regeln.

b)
- Allokationsproblem: Wer ist verantwortlich für den ökonomischen Einsatz der Produktionsfaktoren?
- Distributionsproblem: Wer entscheidet über die Verteilung des Bruttoinlandsproduktes?
- Koordinationsproblem: Wer entscheidet über die Koordination von Bedarf und Produktion?

Weitere Probleme sind:
- die Sicherung der Beschäftigung,
- die Förderung der Leistungsbereitschaft und
- die Organisation des Informationsflusses: Es muss darüber informiert werden, wo welcher Bedarf existiert und wo es welche Produktionsfaktoren gibt.

5.2.5 In der freien Marktwirtschaft wird von autonomen Unternehmen und privaten Haushalten dezentral geplant.
Die Haushalte bieten Arbeit und Boden an, die Unternehmen fragen diese Produktionsfaktoren nach. Die Unternehmen bieten wiederum ihre Produkte an, die die Haushalte kaufen. Die Haushalte erhalten für ihre Leistung Einkommen und die Unternehmen für den Verkauf ihrer Produkte Umsatzerlöse. Geldströme laufen entgegen der Leistungs- und Güterströme. Auf den Finanzmärkten stellen die Haushalte den Banken ersparte Mittel zur Verfügung, die den Unternehmen als Bankkredite gewährt werden können. Die Haushalte haben Anspruch auf Zinsen. Die Unternehmen müssen Zinsen zahlen. Der Preis ist Knappheitsindikator. Es herrscht das erwerbswirtschaftliche Prinzip.

Die Kennzeichen der freien Marktwirtschaft sind:
- Produktionsfreiheit: Die Unternehmen entscheiden selbst, was und wie viel sie produzieren.
- Konsumfreiheit: Die Konsumenten entscheiden, was und wie viel sie kaufen.

- Freihandel: Unternehmen und Haushalte entscheiden, ob und wie viel sie im- und exportieren.
- Vertragsfreiheit: Die Gestaltung von Verträgen liegt bei den Vertragsparteien.
- Geldwirtschaft: Die Wirtschaft wird über den Preis gesteuert. Zu diesem Zweck muss ein allgemein anerkanntes Zahlungsmittel vorhanden sein.
- Eigentumsgarantie: Es wird das Eigentum an Produktivkapital gewährleistet.
- Freie Berufs- und Arbeitsplatzwahl: Jeder wählt seinen Beruf und Arbeitsplatz frei. Ein Überangebot wird durch den Markt reguliert.
- Gewerbe- und Niederlassungsfreiheit: Jeder kann ein Unternehmen gründen und den Ansiedlungsort, die Tätigkeit oder die Schließung frei wählen bzw. entscheiden.
- Selbstverwaltungsrecht: Löhne und Gehälter werden zwischen Arbeitnehmer und Arbeitgeber ausgehandelt und sind von Angebot und Nachfrage abhängig.
- „Nachtwächterstaat“: Der Staat greift nicht ein. Es gibt keine Subventionen. Die Freiheit der Wirtschaft wird geschützt, besonders gegenüber dem Ausland.

5.2.6 In der Zentralverwaltungswirtschaft wird der arbeitsteilige Wirtschaftsprozess von einer zentralen Stelle, einer staatlichen Planungsabteilung, gesteuert. Der Staat ordnet, plant und kontrolliert. Ungleichgewichte in der Wirtschaft sollen vermieden werden.

Eine Zentralverwaltungswirtschaft weist folgende Merkmale auf:

- staatliche Festsetzung von Preisen und Löhnen
- staatliche Planung der Produktion, der Güterverteilung und des Konsums
- keine Marktfreiheit
- keine Wettbewerbsfreiheit
- keine Gewerbefreiheit
- Verstaatlichung der Betriebe
- kein Privateigentum an den Produktionsmitteln
- staatlich gesteuerter Außenhandel

5.2.7

	Zentralverwaltungs-wirtschaft	Marktwirtschaft
Lenkungs-mechanismus	zentrale Planungsbehörde, staatliche Festsetzung von Preisen	Bildung des Preises auf dem Markt
Motivation	Planerfüllung	Maximierung von Gewinn und Nutzen
Eigentumsordnung	Kollektiveigentum an Produktionsmitteln	Privateigentum an Produktionsmitteln

5.2.8 Die soziale Marktwirtschaft verbindet die Vorteile der Marktwirtschaft mit sozialer Gerechtigkeit und Sicherheit. Sie übernimmt einige Prinzipien der freien Marktwirtschaft, nämlich die freien Märkte, den freien Wettbewerb, die Gewerbe- und Konsumfreiheit, die Tarifautonomie, das Privateigentum und die Berufsfreiheit.

Staatliche Eingriffe sind aus im weitesten Sinne sozialen Gründen erlaubt. Dies kann der Fall sein, um destruktiven Wettbewerb zu verhindern, wenn die Belange eines Wirtschaftsbereichs in Gefahr sind, das Interesse der Gemeinschaft es erfordert und um Wirtschaftswachstum und Vollbeschäftigung zu sichern. Der Staat übernimmt in der sozialen Marktwirtschaft wirtschaftspolitische Funktionen, z.B.:

- Ordnungsfunktion: Schaffung einer funktionsfähigen und freiheitlichen Wettbewerbsordnung, Erhaltung der wettbewerblichen Selbststeuerung, fairer Leistungswettbewerb, langfristige Sicherung des Wettbewerbs
- Ausgleichsfunktion: Korrektur von sozial unerwünschten Marktergebnissen, gleiche Bedingungen für alle (z.B. der Besuch von Bildungseinrichtungen), garantierter Wettbewerb, Verhinderung von Wettbewerbsverfälschungen
- Schutzfunktion: Schutz schwächerer Marktteilnehmer, Schutz der Lebensgrundlage (Umweltschutzpolitik)
- Steuerungsfunktion: Ausgleich von konjunkturellen Schwankungen, stabiles Preisniveau, hoher Beschäftigungs-

stand, ausgeglichene Zahlungsbilanz, stetiges Wirtschaftswachstum, Infrastruktur

5.2.9
- Strukturpolitik: Schaffung der Voraussetzungen für wirtschaftliches Handeln, z.B. durch Verbesserung der Infrastruktur oder Investitionshilfen
- Sozialpolitik: soziale Gerechtigkeit und Sicherheit durch z.B. Verbraucherschutzgesetze, Sozialversicherungssystem, Arbeitsrecht, Ausbildungsförderung, Mitbestimmungsgesetze

  Das Sozialversicherungssystem ist umso schwieriger zu finanzieren, je mehr Rentner und je weniger sozialversicherungspflichtige Beschäftigte es gibt und je höher die Arbeitslosigkeit ist.

  Zweige der Sozialversicherung: Renten-, Kranken-, Arbeitslosen-, Pflege-, Unfallversicherung
- Prozesspolitik: Aufgrund des Stabilitätsgesetzes ist der Staat verpflichtet, das „magische Viereck" – hoher Beschäftigungsstand, stetiges und angemessenes Wirtschaftswachstum, stabiles Preisniveau, außenwirtschaftliches Gleichgewicht – zu sichern.

  Diese vier Ziele sind gleichzeitig nicht optimal zu erreichen, da Zielkonflikte bestehen, z.B. angestrebtes Ziel = Wirtschaftswachstum → gefährdetes Ziel = stabile Preise.
- Ordnungspolitik: Schaffung der rechtlichen Rahmenbedingungen für wirtschaftliches Handeln, z.B. durch Aktualisierung vorhandener (BGB, HGB ...) und Erlass neuer Gesetze

6 Volkswirtschaftliche Gesamtrechnung, Volkseinkommen, Wirtschaftskreislauf

- Nationaleinkommen
- Bruttoinlandsprodukt
- Wohlstandsindikatoren
- Entstehungs-, Verwendungs-, Verteilungsrechnung
- Wirtschaftswachstum

6.1 Übungsaufgaben Set 1

6.1.1 Erläutern Sie, was sich hinter dem Begriff „Kreislaufanalyse" verbirgt.

6.1.2 In den folgenden Wirtschaftskreislauf sollen die fehlenden Bezeichnungen eingetragen werden. Bestimmen Sie, welcher der beiden Kreisläufe einen höheren Wert aufweist und welche Annahme zum Konsumverhalten der Haushalte hier getroffen wird.

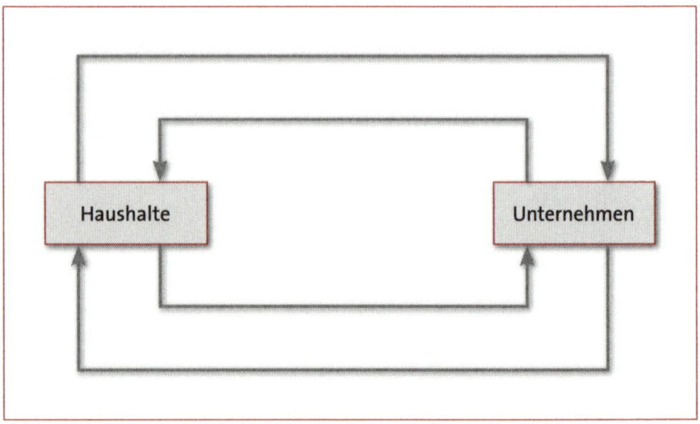

6.1.3 Skizzieren Sie ein Kreislaufschema mit den Sektoren „Privathaushalte", „Staat", „Unternehmen", „Banken" und „Ausland". Folgende Werte sollen darin eingetragen werden:

Einkommen der privaten Haushalte vom Staat	480 GE*
Einkommen der privaten Haushalte von den Unternehmen	1.120 GE
Sparen der privaten Haushalte	320 GE
An den Staat abgeführte Steuern und Sozialabgaben von den Privathaushalten	400 GE
An den Staat abgeführte Steuern, Abgaben, Gebühren von den Unternehmen	240 GE
Vom Staat gekaufte Sachgüter und Dienstleistungen von den Unternehmen	160 GE
Von den Unternehmen in Anspruch genommene Kredite der Banken	320 GE
Exporte und Importe der Unternehmen	je 128 GE

* GE = Geldeinheiten

6.1.4 Beschreiben Sie, was man unter Aggregation versteht und wieso sie notwendig erscheint.

6.1.5 Nehmen Sie dazu Stellung, wie sich die Aggregation auf die Aussagefähigkeit makroökonomischer Größen auswirkt.

6.1.6 Erklären Sie, was unter einem geschlossenen Kreislaufsystem zu verstehen ist.

6.1.7 Unterscheiden Sie Bestands- und Stromgrößen und erläutern Sie, welcher Zusammenhang zwischen diesen Größen bestehen kann.

6.1.8 In einer Volkswirtschaft gibt es die drei Haushalte Anton, Berta und Carl, die jeweils am Periodenanfang über ein Vermögen von 20 Geldeinheiten verfügen. Am Periodenbeginn treffen die Haushalte eine Entscheidung über die Aufteilung ihres Vermögens in Geldhaltung und Wertpapierhaltung. Die Wertpapiere besitzen eine unendliche Laufzeit und werfen pro Periode einen festen Betrag von einer Geldeinheit ab. Für das Periodenende erwarten die Haushalte unterschiedliche Zinssätze: Anton erwartet 2 %, Berta erwartet 5 % und Carl erwartet 7 %.
Entscheiden Sie, welche der drei Haushalte die Wertpapierhaltung bevorzugen, wenn der aktuelle Zinssatz 5 % beträgt.

6.1.9 Der Wirtschaftskreislauf wird durch die in einer Volkswirtschaft fließenden Geld- und Güterströme gebildet. Wählen Sie aus, welche der folgenden Zeilen vier Sektoren des erweiterten Wirtschaftskreislaufs enthält:

a) juristische Personen des privaten Rechts, juristische Personen des öffentlichen Rechts, Unternehmen, Ausland
b) private Haushalte, Staat, Unternehmen, Ausland
c) private Haushalte, Banken, öffentl. Haushalte, Nichtbanken

6.1.10 Unterscheiden Sie, worin bezüglich des Wirtschaftskreislaufes der Unterschied zwischen dem Kauf von Konsumgütern durch die Haushalte und der Steuerzahlung besteht.

6.2 Übungsaufgaben Set 2

6.2.1 Das Einkommen aus unselbstständiger Arbeit beträgt 800 Mrd. €, das Einkommen aus Unternehmertätigkeit und Vermögen 340 Mrd. €. Berechnen Sie die Lohnquote und die Einkommensquote.

6.2.2 Für eine geschlossene Volkswirtschaft liegen folgende Angaben vor: Abschreibungen, indirekte Steuern, Subventionen, Löhne/Gehälter, Zinsen, Mieten und Pachten, Gewinne, staatlicher Konsum, privater Konsum, Bruttoinvestitionen, direkte Steuern

a) Zeigen Sie das Schema zur Berechnung der Nettowertschöpfung.
b) Beurteilen Sie, ob die direkten Steuern Bestandteil der Wertschöpfung sind.

6.2.3 Unterscheiden Sie nominales und reales Wirtschaftswachstum.

6.2.4 Erarbeiten Sie Möglichkeiten, wie man in einer Volkswirtschaft das Ziel Wirtschaftswachstum erreichen kann.

6.2.5 Beurteilen Sie das Wirtschaftswachstum, wenn in einer Volkswirtschaft das gesamtwirtschaftliche Produktionspotenzial nicht ausgenutzt wird.

6.2.6 Nennen Sie Kriterien, durch die die Auslastung des Produktionspotenzials beeinflusst werden kann.

6.2.7 Erläutern Sie die Forderungen, die im Stabilitätsgesetz an das Wirtschaftswachstum gestellt werden.

6.2.8 Stellen Sie dar, was man unter dem Bruttoinlandsprodukt versteht und wie es berechnet wird.

6.2.9 Unterscheiden Sie das Bruttoinlandsprodukt und das Bruttonationaleinkommen.

6.2.10 Folgende Angaben sollen zur Ermittlung des Bruttonationaleinkommens nach der Verwendung und nach der Verteilung geordnet werden:
- Außenbeitrag
- Arbeitnehmerentgelt
- Konsumausgaben des Staates
- Bauinvestitionen
- private Konsumausgaben
- Vorratsveränderungen
- Abschreibungen
- Ausrüstungsinvestitionen
- Unternehmens- und Vermögenseinkommen
- Produktions- und Importabgaben abzüglich Subventionen
- Saldo der Primäreinkommen aus der übrigen Welt
- Investitionen für sonstige Anlagen

6.3 Übungsaufgaben Set 3

6.3.1 Definieren Sie „Volkseinkommen".

6.3.2 Nennen Sie die Einkommensarten in der Verteilungsrechnung.

6.3.3 Führen Sie aus, wie man vom Volkseinkommen zum Bruttonationaleinkommen gelangt.

6.3.4 Nennen Sie die Ergebnisse, die man bei den folgenden Rechnungen erhält:

a) Konsum + Bruttoinvestition + Außenbeitrag + Saldo der Primäreinkommen aus der übrigen Welt – Abschreibungen

b) Konsum + Bruttoinvestition + Außenbeitrag + Saldo der Primäreinkommen aus der übrigen Welt

c) Konsum + Bruttoinvestition + Außenbeitrag

d) Arbeitnehmerentgelt + Unternehmer- und Vermögenseinkommen

6.3.5 Beschreiben Sie, welche Situation vorliegt, wenn Bruttoinlandsprodukt und Nettoinlandsprodukt gleich groß sind.

6.3.6 Erläutern Sie „soziale Indikatoren".

6.3.7 Schildern Sie, zu welchem Zweck die volkswirtschaftliche Gesamtrechnung geschaffen wurde.

6.3.8 Es stehen folgende Informationen zur Verfügung:

Abschreibungen	40 GE*
Produktions- und Importabgaben	280 GE
Subventionen	50 GE
private Konsumausgaben	1.200 GE
Konsumausgaben des Staates	420 GE
Bruttonationaleinkommen	2.350 GE
Außenbeitrag	240 GE
Nettoinvestitionen	300 GE

* GE = Geldeinheiten

a) Berechnen Sie den Saldo aus Primäreinkommen mit der übrigen Welt.
b) Ermitteln Sie das Volkseinkommen.

6.3.9 Entscheiden Sie, welche der folgenden Behauptungen richtig oder falsch sind:
a) Das Nationaleinkommen ist eine Inlandsgröße.
b) Die Entstehungsrechnung gibt Informationen über die Produktionsstruktur eines Landes.
c) Die Staatsangehörigkeit ist zur Abgrenzung von inländischen und ausländischen Wirtschaftseinheiten im Inlandskonzept von Bedeutung.

6.3.10 Entscheiden Sie, welche der folgenden Aussagen zum Reallohn korrekt ist:
a) Der Reallohn entspricht dem zu versteuernden Einkommen.
b) Der Reallohn entspricht dem Nettolohn.
c) Der Reallohn stellt die Kaufkraft des Nominallohnes dar.
d) Der Reallohn entspricht dem Bruttolohn einschließlich des Arbeitgeberanteils.

6.4 Übungsaufgaben Set 4

6.4.1 Folgende Grafik ist gegeben, die die Einkommensverteilung eines Industriestaates darstellt.

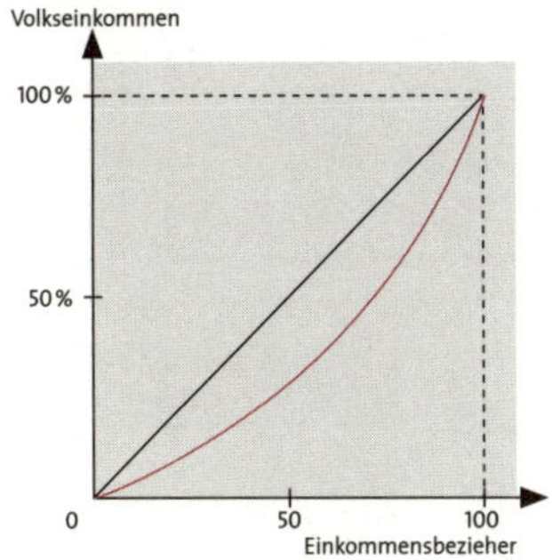

a) Erläutern Sie, um welche Darstellung es sich handelt und welche Beziehungen dargestellt werden.
b) Treffen Sie eine Aussage bezüglich der Einkommensverteilung.
c) Beschreiben Sie, wie der Verlauf der Kurve wäre, wenn eine extreme soziale Ungerechtigkeit vorläge.

6.4.2 Erläutern Sie, welche Leistungen nicht in die Berechnung des Sozialproduktes einfließen.

6.4.3 Bei folgenden Aussagen ist zu prüfen, ob sie richtig oder falsch sind:
a) Wohlstandsverluste können durch quantitatives Wirtschaftswachstum entstehen, weil damit Umweltbelastungen und die Verschwendung knapper Rohstoffe verbunden sind.
b) Beim qualitativen Wirtschaftswachstum nehmen alle Wirtschaftsgüter gleichmäßig zu.
c) Belastungen am Arbeitsplatz durch Lärm oder Staub werden beim quantitativen Wirtschaftswachstum nicht berücksichtigt.

6.4.4 In folgender Abbildung sollen die Begriffe Entstehung, Verwendung und Verteilung des Sozialprodukts zugeordnet werden.

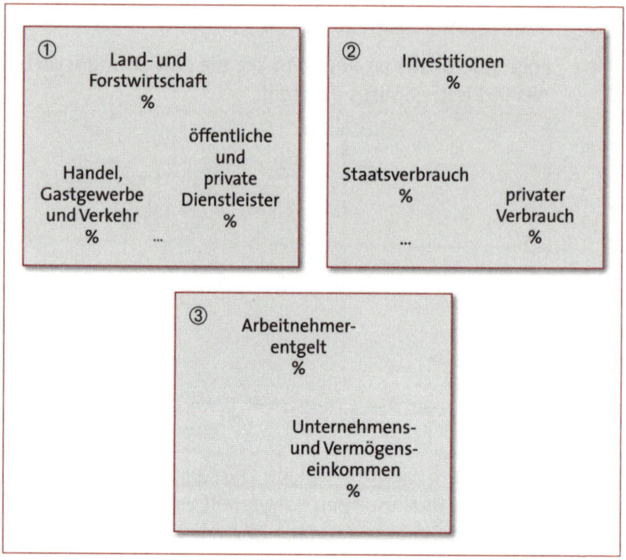

6.4.5 Unterscheiden Sie die Modelle des einfachen und des erweiterten Wirtschaftskreislaufs.

6.4.6 Ein Bauer setzt vermehrt Kunstdünger ein. Beschreiben Sie die vier Phasen der Ertragsentwicklung.

6.4.7 Berechnen Sie die Ausgabensumme, wenn das Haushaltseinkommen 600 € beträgt und die Sparquote 6 %.

6.4.8 Führen Sie aus, welche Konsequenzen sich daraus ergeben können, wenn die privaten Haushalte Konsumausgaben von 1.000 € geplant haben, die Unternehmungen aber nur für 800 € Konsumgüter anbieten.

6.4.9 Entscheiden Sie, auf welchen Konten und auf welcher Seite folgende Vorgänge in der volkswirtschaftlichen Gesamtrechnung gebucht werden.
a) Abschreibung b) Sparen c) Konsum d) Gewinn

6.4.10 Überlegen Sie, welche Konsequenzen sich daraus ergeben können, wenn Unternehmungen ein Angebot an Konsumgütern von 2.000 € geplant haben, die Haushalte aber nur Konsumausgaben in Höhe von 1.700 €.

6.5 Übungsaufgaben Set 5

6.5.1 Skizzieren Sie mit den im Folgenden genannten Geldströmen einen erweiterten Wirtschaftskreislauf.

① Amerikanische Touristen kaufen in Deutschland DVD-Player.
② Eine GmbH zahlt Körperschaftsteuer.
③ Ein Kneipenwirt zahlt Pacht an einen privaten Haushalt.
④ Die Braunkohlezechen in Deutschland erhalten Subventionen.
⑤ Der Mitarbeiter eines Autoherstellers zahlt Grundsteuer für seinen Besitz.
⑥ Ein Arbeitnehmer zahlt Kontoführungsgebühren an seine Bank.
⑦ Ein Haushalt nimmt einen Kredit auf.

6.5.2 Nennen Sie die Teilbilanz, in der erfasst wird, wenn ein deutsches Unternehmen sich durch Aktienkauf an einer amerikanischen Firma beteiligt.

6.5.3 Wählen Sie aus, in welcher Teilbilanz erfasst wird, wenn ein deutscher Aktionär Dividende aus seiner Beteiligung an einem amerikanischen Unternehmen erhält.

6.5.4 Beschreiben Sie, welche Aufgaben die volkswirtschaftliche Gesamtrechnung erfüllt.

6.5.5 Unterscheiden Sie, welche Werte vom Bruttoinlandsprodukt und welche vom Bruttonationaleinkommen erfasst werden.

6.5.6 Kennzeichnen Sie den Unterschied zwischen nominalem und realem Bruttoinlandsprodukt.

6.5.7 Suchen Sie den Fehler in der folgenden Berechnung:

	Bruttonationaleinkommen
–	Abschreibungen
=	Nettonationaleinkommen
+	indirekte Steuern
+	Subventionen
=	Volkseinkommen zu Faktorkosten

6.5.8 Nennen Sie den Fehler, der im folgenden Schema zur volkswirtschaftlichen Gesamtrechnung enthalten ist.

  Volkseinkommen zu Faktorkosten
– direkte Steuern
\+ Sozialabgaben
\+ Transferzahlungen an private Haushalte
= verfügbares Einkommen

6.5.9 Ein deutscher Unternehmer verkauft Waren in die USA gegen Rechnung. Ordnen Sie zu, in welchen Teilbilanzen der deutschen Zahlungsbilanz dieser Vorgang erfasst wird.

6.5.10 Aus den folgenden Angaben ist das verfügbare Einkommen zu berechnen:

Bruttonationaleinkommen	600 Mrd. €
indirekte Steuern	40 Mrd. €
Subventionen an Unternehmen	35 Mrd. €
direkte Steuern	35 Mrd. €
Abschreibungen	70 Mrd. €
Transferzahlungen an private Haushalte	30 Mrd. €
Sozialabgaben	50 Mrd. €

6.6 Übungsaufgaben Set 6

6.6.1 Schildern Sie den Aufbau folgender Konten:
a) Produktionskonto
b) Einkommenskonto
c) Vermögensänderungskonto

6.6.2 In einer Volkswirtschaft werden in einem Jahr Güter im Wert von 3.200 GE (= Geldeinheiten) erzeugt. Bei der Produktion dieser Güter werden Vorleistungen im Wert von 1.120 GE eingesetzt. Es tritt ein Verschleiß an Kapitalgütern von 160 GE ein. Die Unternehmungen müssen indirekte Steuern in Höhe von 240 GE zahlen. Ermitteln Sie das Brutto- bzw. Nettoinlandsprodukt und das Volkseinkommen.

6.6.3 Erläutern Sie die Voraussetzung für eine wirtschaftliche Entwicklung.

6.6.4 Skizzieren und erläutern Sie den um den Sektor „Banken“ ergänzten einfachen Wirtschaftskreislauf (= erweiterter Wirtschaftskreislauf).

6.6.5 Stellen Sie Gleichungen für Y (Wert aller Güter) auf unter Verwendung von C (Wert der Konsumgüter), I (Wert der Investitionsgüter) und S (Sparen).

6.6.6 Erläutern Sie die Konsequenzen, wenn die Haushalte weniger Geld für Konsumgüter ausgeben und stattdessen sparen.

6.6.7 Beschreiben Sie die Folgen, wenn die Haushalte mehr Konsumgüter nachfragen als produziert werden.

6.6.8 Erläutern Sie den Sinn und Zweck der volkswirtschaftlichen Gesamtrechnung.

6.6.9 Beschreiben Sie den Aufbau der volkswirtschaftlichen Gesamtrechnung.

6.6.10 Charakterisieren Sie die drei Ansätze zur Berechnung des BIP.

6.7 Übungsaufgaben Set 7

6.7.1 Beschreiben Sie die Wertschöpfung über mehrere Produktionsstufen an einem selbst gewählten Beispiel.

6.7.2 Erläutern Sie die Bruttowertschöpfung einer Volkswirtschaft.

6.7.3 Nennen Sie Wirtschaftsbereiche, für die das Statistische Bundesamt die Bruttowertschöpfung ermittelt.

6.7.4 Erläutern Sie die Zusammensetzung des Bruttoinlandsprodukts nach der Entstehungsrechnung.

6.7.5 Legen Sie die folgenden Berechnungen dar:
a) vom Bruttoinlandsprodukt zum Nettoinlandsprodukt zu Herstellpreisen (Nettowertschöpfung)
b) vom Bruttoinlandsprodukt über das Bruttonationaleinkommen zum Volkseinkommen

6.7.6 Erläutern Sie nominales und reales Bruttoinlandsprodukt (BIP).

6.7.7 Erläutern Sie die Zusammensetzung des Bruttoinlandsprodukts nach der Verwendungsrechnung.

6.7.8 Erläutern Sie die Verteilungsrechnung (Verteilung des Volkseinkommens).

6.7.9 Stellen Sie die Berechnung des Bruttoinlandsprodukts nach der Verteilungsrechnung dar.

6.7.10 Begründen Sie, weshalb das Bruttonationaleinkommen kein hinreichendes Kriterium für den Wohlstand darstellt.

6.1 Lösungen Set 1

6.1.1 Eine Kreislaufanalyse ist eine modellhafte grafische Darstellung und Untersuchung der Geld- und Güterströme einer Volkswirtschaft.

6.1.2 Der Güter- und der Geldkreislauf halten sich wertmäßig die Waage. Die Haushalte geben ihr gesamtes Einkommen für Güter und Dienstleistungen aus. Sie sparen nicht.

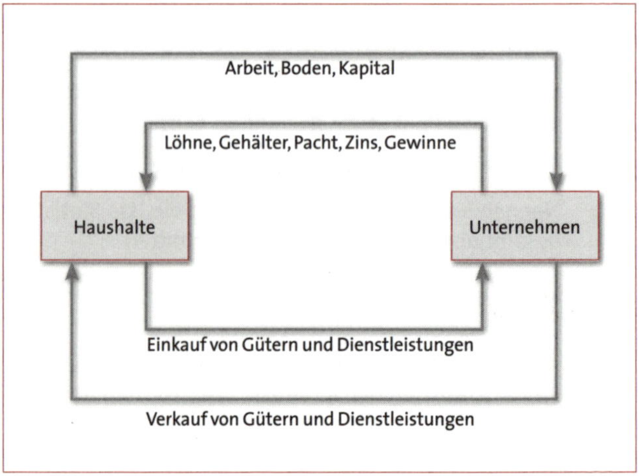

6.1.3

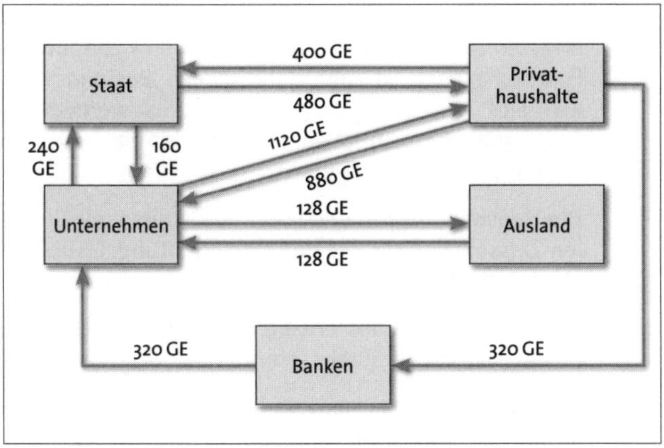

6.1.4 „Aggregation" ist die Zusammenfassung von Wirtschaftseinheiten oder ökonomischen Aktivitäten nach bestimmten Kriterien zu möglichst gleichartigen Sektoren oder Strömen. Sie erscheint notwendig, um bei der Fülle von Informationen über die ökonomischen Aktivitäten innerhalb einer Volkswirtschaft allgemeine Aussagen treffen zu können. Im Übrigen wären die Kosten der Informationsbeschaffung für eine umfassende Beschreibung des Wirtschaftsgeschehens sehr hoch.

6.1.5 Durch die Aggregation kommt es zu Informationsverlusten. So werden alle Transaktionen, die die Wirtschaftssubjekte eines Sektors mit Wirtschaftssubjekten anderer Sektoren vornehmen, addiert. Gleichartige Transaktionen zwischen Wirtschaftssubjekten eines Sektors werden gegeneinander aufgerechnet (Konsolidierung). Beispiel: Tauschen zwei Unternehmen Transaktionen aus, etwa Kauf und Verkauf von Leistungen, so werden diese gegeneinander aufgerechnet.
Es bleiben also nur die Ströme zwischen den Sektoren übrig. Die Beiträge der einzelnen Wirtschaftssubjekte gehen verloren.

6.1.6 Ein geschlossener Wirtschaftskreislauf liegt vor, wenn für jeden Pol die Wertsumme aller Zuströme gleich der Wertsumme aller Abströme ist. Man bezeichnet dies auch als „Kreislaufaxiom".

6.1.7 Stromgrößen erfassen ökonomische Größen pro Zeiteinheit, z.B. die in einem Jahr getätigten Ausgaben. Bestandsgrößen erfassen die Höhe und Struktur zu einem Zeitpunkt, z.B. den Forderungsbestand am Jahresende. Bestandsänderungen während eines festgelegten Zeitraums werden durch die Stromgrößen beschrieben. Stromgrößen nehmen damit Einfluss auf die Bestandsgrößen.

6.1.8 Die Haushalte Anton und Berta bevorzugen bei einem aktuellen Zinssatz von 5 % die Wertpapierhaltung. Haushalt Carl ist mit 5 % nicht zufrieden.

6.1.9 Die vier Sektoren des erweiterten Wirtschaftskreislaufs sind private Haushalte, Staat, Unternehmen und Ausland (b).

6.1.10 Der Kauf von Konsumgütern ist eine zweiseitige Transaktion, da dem Geldstrom ein Güterstrom in gleicher Höhe entspricht. Die Steuerzahlung an den Staat dagegen ist eine einseitige Transaktion. Die Haushalte erhalten keine direkte Gegenleistung. Dies gilt auch für die Unternehmen.

6.2 Lösungen Set 2

6.2.1

$$\text{Lohnquote} = \frac{800 \text{ Mrd. €}}{1.140 \text{ Mrd. €}} \cdot 100 = 70{,}18\,\%$$

$$\text{Einkommensquote} = \frac{340 \text{ Mrd. €}}{1.140 \text{ Mrd. €}} \cdot 100 = 29{,}82\,\%$$

6.2.2 Wertschöpfung einer geschlossenen Volkswirtschaft

a) Löhne und Gehälter + Mieten und Pachten + Zinsen + Gewinne = Nettowertschöpfung

b) Die direkten Steuern sind die Steuern auf das Einkommen. Sie müssen wie das Einkommen selbst erwirtschaftet werden. Die Wertschöpfung besteht also aus den Bruttoeinkommen.

6.2.3 Man berechnet beim nominalen Wirtschaftswachstum die Veränderungsrate des Nationaleinkommens (oder des BIP) mit bestehenden Preisen zum Basisjahr. Beim realen Wachstum wird die Veränderungsrate um die Preissteigerung bereinigt. Die betreffende Kenngröße wird zu diesem Zweck mit der Kaufkraft des Geldes im Bezugsjahr bewertet.

6.2.4 Z.B. mengenmäßige Vermehrung der Produktionsfaktoren, qualitative Veränderung der Produktionsfaktoren, Verbesserung des Einsatzes der Produktionsfaktoren, Verbesserung der Kombination der Produktionsfaktoren.

6.2.5 Es findet kein Wachstum statt.

6.2.6 Z.B. Absatzerwartungen, Nachfrage aus dem In- und Ausland, Zinssätze.

6.2.7 Stetiges und angemessenes Wirtschaftswachstum: Die Wirtschaft soll störungsfrei und kontinuierlich wachsen. Eine jährliche Steigerung des Wachstums von 3 bis 5 % wird als angemessen angesehen.

6.2.8 Das Bruttoinlandsprodukt erfasst die wirtschaftliche Gesamtleistung Deutschlands. Dazu zählen alle innerhalb eines Kalenderjahres produzierten Waren und Dienstleistungen. Drei Berechnungsarten sind möglich:

- Entstehungsrechnung (Wo ist das Bruttoinlandsprodukt entstanden?)
- Verwendungsrechnung (Wie wird das Bruttoinlandsprodukt verwendet?)
- Verteilungsrechnung (Wie werden die bei der Entstehung des Bruttoinlandsproduktes erzielten Einkommen verteilt?)

Das Bruttoinlandsprodukt zeigt die wirtschaftliche Entwicklung bzw. dient als Messgröße für den Konjunkturverlauf einer Volkswirtschaft.

6.2.9 Der Unterschied ist der Saldo der Primäreinkommen aus der übrigen Welt.

6.2.10 Berechnung des Bruttonationaleinkommens nach der Verwendung:

  private Konsumausgaben
\+ Konsumausgaben des Staates
\+ Ausrüstungsinvestitionen
\+ Bauinvestitionen

+ Investitionen für sonstige Anlagen
+ Vorratsveränderungen
+ Außenbeitrag
= Bruttoinlandsprodukt
+ Saldo der Primäreinkommen aus der übrigen Welt
= Bruttonationaleinkommen

Berechnung des Bruttonationaleinkommens nach der Verteilung:

Arbeitnehmerentgelt
+ Unternehmens- und Vermögenseinkommen
= Volkseinkommen
+ Produktions- und Importabgaben abzüglich Subventionen
+ Abschreibungen
– Saldo der Primäreinkommen aus der übrigen Welt
= Bruttoinlandsprodukt
+ Saldo der Primäreinkommen aus der übrigen Welt
= Bruttonationaleinkommen

oder

Arbeitnehmerentgelt
+ Unternehmens- und Vermögenseinkommen
= Volkseinkommen
+ Produktions- und Importabgaben abzüglich Subventionen
= Nettonationaleinkommen
+ Abschreibungen
= Bruttonationaleinkommen

6.3 Lösungen Set 3

6.3.1 Die Summe aller Erwerbs- und Vermögenseinkommen von Inländern bildet das Volkseinkommen.

6.3.2 Arbeitnehmerentgelt, Unternehmenseinkommen, Vermögenseinkommen

6.3.3

	Volkseinkommen
–	Subventionen
+	Produktions- und Importabgaben
=	Nettonationaleinkommen
+	Abschreibungen
=	Bruttonationaleinkommen

6.3.4

a) Nettonationaleinkommen
b) Bruttonationaleinkommen
c) Bruttoinlandsprodukt
d) Volkseinkommen

6.3.5 Brutto- und Nettoinlandsprodukt sind dann gleich groß, wenn die Bruttoinvestitionen den Abschreibungen entsprechen. Man spricht von einer „stationären Wirtschaft".

6.3.6 Soziale Indikatoren zeigen die Lebensqualität der Mitglieder einer Gesellschaft an. Beispiele: Geburtenhäufigkeit, Lärm, Bodenverseuchung, Wasserqualität, Luftverschmutzung, durchschnittliche Lebenserwartung der Bevölkerung

6.3.7 Die volkswirtschaftliche Gesamtrechnung ist die „Buchhaltung" der einzelnen Sektoren und darauf aufbauend einer Volkswirtschaft insgesamt. In ihr werden die Leistungen der Volkswirtschaft zahlenmäßig erfasst. Die volkswirtschaftliche Gesamtrechnung ist nach verschiedenen Gesichtspunkten aufbereitet und liefert Daten über die Entstehung und Verwendung der insgesamt erzeugten Gütermenge sowie die bei deren Produktion entstehenden Einkommen. Im Jahresvergleich kann die gesamtwirtschaftliche Entwicklung herausgelesen werden.

6.3.8

a)

	Bruttonationaleinkommen	2.350 GE
–	private Konsumausgaben	1.200 GE
–	Konsumausgaben des Staates	420 GE
–	Nettoinvestitionen	300 GE
–	Abschreibungen	40 GE
–	Außenbeitrag	240 GE
=	Saldo aus Primäreinkommen	150 GE

b)

	Bruttonationaleinkommen	2.350 GE
–	Abschreibungen	40 GE
=	Nettonationaleinkommen	2.310 GE
–	Produktions- und Importabgaben	280 GE
+	Subventionen	50 GE
=	Volkseinkommen	2.080 GE

6.3.9

a) falsch
b) richtig
c) falsch

6.3.10 c) Der Reallohn stellt die Kaufkraft des Nominallohnes dar.

6.4 Lösungen Set 4

6.4.1 Darstellung der Einkommensverteilung

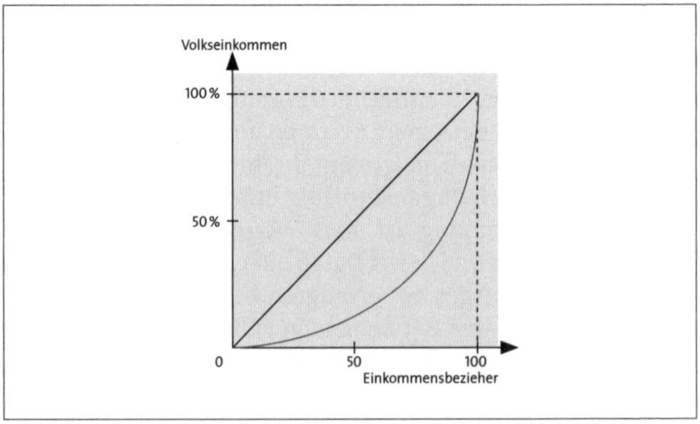

a) Die Grafik stellt die Lorenzkurve dar, die einen funktionalen Zusammenhang zwischen dem Volkseinkommen und den Einkommensbeziehern herstellt. Allgemein beschreibt die Lorenzkurve einen funktionalen Zusammenhang zwischen dem Anteil einer Größe und dem Anteil einer anderen Größe geordnet nach einem geeigneten Merkmal.
b) Man kann der Grafik entnehmen, wie viel Prozent des Volkseinkommens auf wie viel Prozent der Einkommensbezieher

entfallen. Da sich die Lorenzkurve von der Gleichverteilungsgerade entfernt, kann man davon ausgehen, dass die Einkommensverteilung ungleichmäßig verläuft. Es besteht eine Einkommenskonzentration.

c) Die Lorenzkurve zeigt dann eine soziale Ungerechtigkeit, wenn sie sich extrem weit von der Gleichverteilungsgerade nach rechts entfernt.

6.4.2 Beispiele: Ein Heizungsbauer baut sich in Eigenleistung eine Heizung in sein Privathaus ein. Ein Angestellter verkauft seinem Kollegen privat einen gebrauchten Fernseher. Eine Hausfrau pflegt ihren Ehemann, der wegen Masern zu Hause bleiben muss. Die freiwillige Feuerwehr rettet kostenlos eine Katze von einem Baum.

6.4.3 a) richtig
b) falsch
c) richtig

6.4.4
- Abb. 1: Entstehung des Sozialprodukts
- Abb. 2: Verwendung des Sozialprodukts
- Abb. 3: Verteilung des Sozialprodukts

6.4.5 Beim einfachen Wirtschaftskreislauf wird davon ausgegangen, dass die Haushalte ihr gesamtes Einkommen für Konsum verbrauchen.
Normalerweise wird aber ein bestimmter Teil davon gespart und fließt über das Bankensystem als Investitionskredite wieder an die Unternehmen zurück. Auch verbleibt ein Teil der Produktion bei den Unternehmen als Investition. Dabei kann es sich um Produktivitätsverbesserungen, Ersatzinvestitionen oder Erweiterungsinvestitionen handeln.
Im einfachen Wirtschaftskreislauf wird die Wirtschaft statisch dargestellt. Auch werden der Staat und das Ausland außer Acht gelassen.

6.4.6
- Phase 1: Gesamtertrag und Grenzertrag steigen
- Phase 2: Gesamtertrag steigt, Grenzerträge fallen positiv
- Phase 3: Gesamtertrag steigt, Grenzerträge fallen positiv
- Phase 4: Gesamtertrag fällt, Grenzerträge fallen negativ

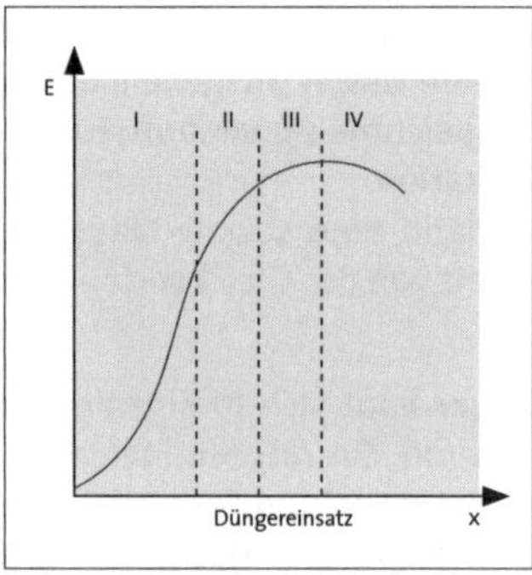

Grafische Darstellung des Ertragsgesetzes

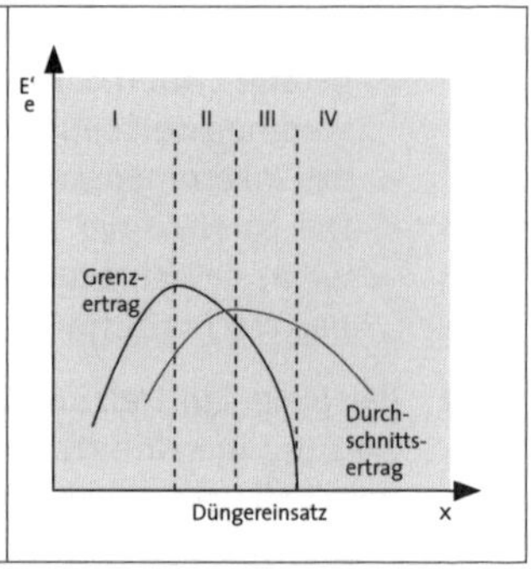

Grafische Darstellung des Grenzertrags und des Durchschnittsertrags

Der Gesamtertrag E ist der erzielte Ertrag (Menge des Produkts) beim Einsatz einer bestimmten Düngermenge.
Der Durchschnittsertrag e ist die im Durchschnitt erzielte Erntemenge (Produktmenge) pro eingesetzte Düngereinheit ($e = E : x$).
Der Grenzertrag E' ist der Erntezuwachs (Ertragszuwachs), den die Erhöhung des Düngereinsatzes um eine Einheit erzielt ($E' = E_x - E_{x-1}$).

6.4.7 Die Ausgabensumme beträgt 564 €. Der Haushalt spart 36 €.

6.4.8 Da die Nachfrage nach Konsumgütern größer ist als das Konsumgüterangebot, erfolgt ein Ausgleich über ungeplantes Sparen. In der nächsten Periode können die Unternehmen eventuell ihre Kapazitäten ausweiten und die Beschäftigung erhöhen.

6.4.9 Buchungen in der volkswirtschaftlichen Gesamtrechnung

a) Soll-Seite des nationalen Produktionskontos – Haben-Seite des nationalen Vermögensänderungskontos
b) Soll-Seite des nationalen Einkommenskontos – Haben-Seite des nationalen Vermögensänderungskontos
c) Soll-Seite des nationalen Einkommenskontos – Haben-Seite des nationalen Produktionskontos
d) Soll-Seite des nationalen Produktionskontos – Haben-Seite des nationalen Einkommenskontos

6.4.10 Das Konsumgüterangebot ist größer als die Konsumgüternachfrage. Dadurch entstehen Lagerinvestitionen, die in der nächsten Periode zu geringerer Produktion führen können und auch zu einem Anpassungsprozess in der Beschäftigung.

6.5 Lösungen Set 5

6.5.1 Geldströme eines erweiterten Wirtschaftskreislaufs

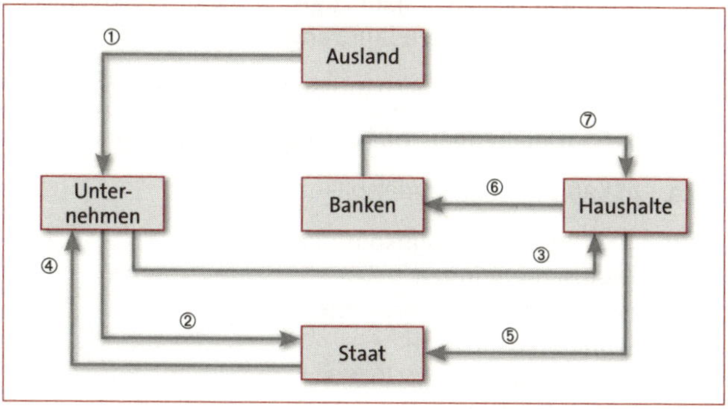

6.5.2 In der Kapitalbilanz.

6.5.3 In der Erwerbs- und Vermögenseinkommensbilanz.

6.5.4 Statistische Erfassung der gesamtwirtschaftlichen Vorgänge; Berechnung des Bruttoinlandsprodukts; Grundlage für wirtschaftspolitische Entscheidungen; Orientierungsgröße für Tarifverhandlungen; Basis für internationale Vergleiche; Ausweisen des Wachstums einer Volkswirtschaft

6.5.5 Das Bruttoinlandsprodukt umfasst den Geldwert aller innerhalb eines Jahres im Inland von Inländern und Ausländern erwirtschafteten Sachgüter und Dienstleistungen. Das Bruttoinlandsprodukt basiert auf einem gebietsbezogenen Konzept. Im Gegensatz dazu liegt dem Bruttonationaleinkommen ein personenbezogenes Konzept zugrunde.
Das Bruttonationaleinkommen umfasst den Geldwert aller innerhalb eines Jahres von Inländern im In- und Ausland erwirtschafteten Sachgüter und Dienstleistungen. Der Unterschied

zwischen Bruttoinlandsprodukt und Bruttonationaleinkommen ist der Saldo zwischen dem Einkommen der Inländer im Ausland und dem Einkommen der Ausländer im Inland, das dem Bruttoinlandsprodukt hinzuzurechnen ist, um zum Bruttonationaleinkommen zu gelangen.

6.5.6 Preiserhöhungen sind im nominalen Bruttoinlandsprodukt enthalten, da das nominale BIP in den jeweiligen Marktpreisen erfasst wird. Das reale BIP schaltet Geldwertschwankungen aus, da ihm ein Basisjahr zugrunde liegt, dessen Preise auch für die darauffolgenden Jahre angewendet werden.

6.5.7 Die indirekten Steuern müssen abgezogen werden.

6.5.8 Die Sozialabgaben müssen abgezogen werden.

6.5.9 In Kapital- und Handelsbilanz.

6.5.10

	Bruttonationaleinkommen	600 Mrd. €
–	Abschreibungen	70 Mrd. €
=	Nettonationaleinkommen	530 Mrd. €
–	indirekte Steuern	40 Mrd. €
+	Subventionen an Unternehmen	35 Mrd. €
=	Volkseinkommen	525 Mrd. €
–	direkte Steuern	35 Mrd. €
–	Sozialabgaben	50 Mrd. €
+	Transferzahlungen	30 Mrd. €
=	verfügbares Einkommen	470 Mrd. €

6.6 Lösungen Set 6

6.6.1 a)

Produktionskonto	
Vorleistungen Abschreibungen (indirekte Steuern abzügl. Subventionen) Nettowertschöpfung	Produktionswert
Produktionswert	Produktionswert

Produktionskonto eines Unternehmens	
Soll (Aufwand)	Haben (Ertrag)
Materialeinkäufe von anderen Unternehmen (Vorleistungen)	Umsatzerlöse aus Güterverkäufen
Abschreibungen auf Sachkapital	Lagerveränderungen an eigenen Erzeugnissen
(indirekte Steuern abzügl. Subventionen)	selbst erstellte Anlagen
Kosten der Produktionsfaktoren	
Produktionswert	Produktionswert

Kosten der Produktionsfaktoren sind z.B. Löhne, Gehälter, Mieten, Pachten, Fremdkapitalzinsen und Gewinne.

b)

Einkommenskonto	
Geleistete Faktoreinkommen	Nettowertschöpfung
geleistete Übertragungen	empfangene Faktoreinkommen
Konsum	empfangene Übertragungen
Ersparnis	
Summe	Summe

Einkommenskonto eines Haushalts	
Soll (Einkommensverwendung)	Haben (Einkommensbildung)
direkte Steuern und Sozialabgaben	Bruttolohn, -gehalt
	Zins, Miete, Pacht (vor Steuern)
Konsum	Gewinn (vor Steuern)
Sparen	Sozialleistungen
Summe	Summe

c)

Vermögensänderungskonto	
(Nettoinvestition + Abschreibung)	Ersparnis
	Abschreibung
Finanzierungssaldo	
Summe	Summe

Vermögensänderungskonto eines Unternehmens	
Soll (Vermögensverwendung) Bruttoinvestition	Haben (Vermögensbildung) Abschreibungen nicht entnommene Gewinne Finanzierungsdefizit
Summe	Summe

6.6.2

Produktionskonto			
Vorleistungen	1.120	Produktionswert	3.200
Abschreibungen	160		
(indirekte Steuern abzügl. Subventionen)	240		
Saldo	1.680		
Produktionswert	3.200	Produktionswert	3.200

Saldo = Nettoinlandsprodukt zu Faktorkosten = Volkseinkommen

Bruttoinlandsprodukt zu Marktpreisen = Produktionswert – Vorleistungen
3.200 – 1.120 = 2.080

Nettoinlandsprodukt zu Marktpreisen = Bruttoinlandsprodukt zu Marktpreisen – Abschreibungen
2.080 – 160 = 1.920

Volkseinkommen = Nettowertschöpfung = Nettoinlandsprodukt zu Faktorpreisen = Nettoinlandsprodukt zu Marktpreisen – (indirekte Steuern – Subventionen)
1.920 – 240 = 1.680

6.6.3 Die Voraussetzung sind Investitionen (Erschaffung oder Beschaffung von Produktionsgütern). Unternehmen können investieren, indem sie Kredite bei Kreditinstituten aufnehmen, die das Geld von Haushalten haben, die sparen (Konsumverzicht). Sie können ihre Gewinne aber auch einbehalten statt auszuschütten.

6.6.4

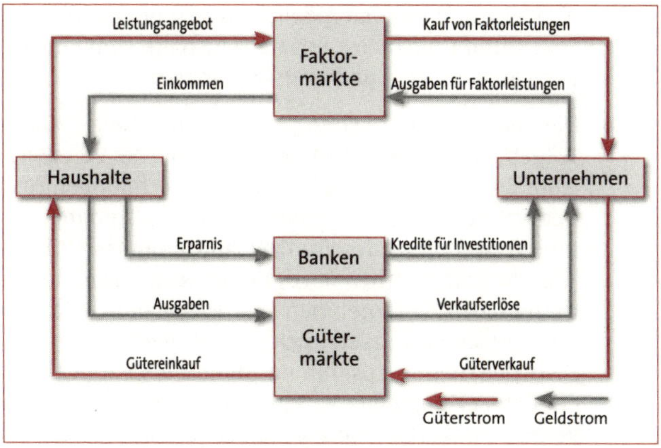

Erweiterter Wirtschaftskreislauf

Der einfache Wirtschaftskreislauf wird um den Sektor „Banken“ erweitert. Der einfache Wirtschaftskreislauf unterstellt, dass die Haushalte ihr Einkommen bis zum letzten Euro für Konsumzwecke ausgeben. Da aber in der Realität gespart wird, bedeutet das für die Haushalte einen Verzicht auf Konsum. Das Gesparte wird im so entstehenden erweiterten Wirtschaftskreislauf den Banken zur Verfügung gestellt. Die Banken bieten wiederum diese Mittel den Unternehmen zu Investitionszwecken an.

6.6.5 Y = Wert aller geschaffenen Güter, C = Wert der Konsumgüter, I = Wert der Investitionsgüter, S = Sparen
$Y = C + I$ (Einkommensentstehungsgleichung)
$Y = C + S$ (Einkommensverwendungsgleichung)
Daraus folgt: $C + I = C + S$ Daraus folgt: $I = S$

6.6.6 Geben die Haushalte weniger Geld für Konsumgüter aus, sparen sie. Die Unternehmen können einen Teil der produzierten Konsumgüter nicht absetzen. Es bildet sich ein wirtschaftliches Ungleichgewicht. Die Unternehmen reagieren auf zu geringe Nachfrage mit Preissenkungen und Produktionseinschränkungen (Entlassungen und Abbau von Produktionskapazitäten). Die Gleichung $S = I$ stimmt nach wie vor, da die unverkauften Güter auf Lager liegen (Vorratsinvestitionen).

6.6.7 Es kommt zu einer Übernachfrage. Die Unternehmen erhöhen die Preise und – soweit möglich – die Produktion. Die Gleichung S = I stimmt auch hier. Private Haushalte können nicht genügend konsumieren und „müssen" sparen.

6.6.8 Die Volkswirtschaftlichen Gesamtrechnungen (VGR) sind ein Teilgebiet der Makroökonomie innerhalb der Volkswirtschaftslehre. Sie setzen sich aus mehreren Teilrechnungen zusammen. Der Schwerpunkt liegt dabei auf der Entstehung, Verteilung und Verwendung des Bruttoinlandsprodukts (BIP). Der VGR liegt die Kreislauftheorie zugrunde, bei der alle Tauschvorgänge zwischen Unternehmen und Haushalten erfasst werden. Die Wertschöpfung setzt sich aus den hergestellten Waren und Dienstleistungen zusammen (ohne Vorleistungen). Als Maß der Entwicklung einer Volkswirtschaft nimmt man die Veränderung der Wertschöpfung zum Vorjahr. Das Ziel der volkswirtschaftlichen Gesamtrechnung ist es, das Wirtschaftsgeschehen einer Volkswirtschaft für einen vergangenen und damit abgeschlossenen Zeitraum quantitativ möglichst genau zu beschreiben. Die Politik benutzt die Daten als Informationsgrundlage für konjunkturelle und wirtschaftspolitische Entscheidungen. Arbeitgeberverbände und Gewerkschaften verwenden beispielweise Preisniveau- oder Einkommensentwicklungen bei Tarifverhandlungen.

6.6.9 Das Statistische Bundesamt erfasst alle Geldströme in einem Kontensystem (doppelte Buchführung). Unternehmen, Haushalten und Staat werden Konten zugeordnet zur Erfassung der ökonomischen Aktivitäten. Ebenso werden die geldmäßigen Beziehungen zum Ausland erfasst. Einerseits fasst man die Vielzahl der Wirtschaftseinheiten zu großen Gruppen (Wirtschaftsbereiche, Sektoren) zusammen und andererseits die wirtschaftlichen Vorgänge. Daraus können aussagefähige Kenngrößen wie beispielsweise das Bruttoinlandsprodukt abgeleitet werden.

6.6.10
- Produktionsansatz: Die Entstehungsrechnung zeigt, welche Wirtschaftsbereiche in welchem Umfang zur Entstehung des Bruttoinlandsprodukts beigetragen haben.

- Ausgabenansatz: Die Verwendungsrechnung sagt aus, welche Sektoren in welcher Höhe Güter konsumiert oder investiert haben.
- Einkommensansatz: Die Verteilungsrechnung klärt die Frage nach der Verteilung des Volkseinkommens (Arbeitnehmerentgelt, Unternehmens- und Vermögenseinkommen).

6.7 Lösungen Set 7

6.7.1 Wertschöpfung über mehrere Produktionsstufen

Beispiel

	1. Stufe	2. Stufe	3. Stufe	4. Stufe	Quersumme
	Holzlieferant	Sägewerk	Möbelfabrik	Möbelhandel	
Vorleistungen	–	200 €	900 €	1.800 €	2.900 €
Wertschöpfung	200 €	700 €	900 €	300 €	2.100 €
Produktionswert	200 €	900 €	1.800 €	2.100 €	5.000 €

	Summe der Produktionswerte	5.000 €
–	Summe der Vorleistungen	−2.900 €
=	Gesamte Wertschöpfung	2.100 €

6.7.2 Die Bruttowertschöpfung ergibt sich aus der Addition der Produktionswerte (Waren und Dienstleistungen) aller Betriebe und Subtraktion der Werte der Vorleistungen.

6.7.3
- Land- und Forstwirtschaft, Fischerei
- produzierendes Gewerbe ohne Baugewerbe
- Baugewerbe
- Handel, Gastgewerbe und Verkehr
- Finanzierung, Vermietung und Unternehmensdienstleister (mit Kredit- und Versicherungsgewerbe)
- öffentliche und private Dienstleister

6.7.4 Die Entstehungsrechnung zeigt, welche Wirtschaftsbereiche in welchem Umfang zur Entstehung des Bruttoinlandsprodukts beigetragen haben. Die volkswirtschaftliche Gesamtrechnung unterscheidet sechs Wirtschaftsbereiche (in anderen Darstellungen nur fünf, da das Baugewerbe vielfach dem produzierenden Gewerbe zugerechnet wird).

Berechnung der Entstehung des Bruttoinlandsprodukts:

	Produktionswert
–	Vorleistungen
=	Bruttowertschöpfung
+	Gütersteuern
–	Gütersubventionen
=	Bruttoinlandsprodukt (zu Marktpreisen)

- Der Produktionswert ist die Summe der Verkäufe zu Herstellungspreisen (ohne Mehrwertsteuer und Gütersteuern wie z.B. Branntwein- oder Mineralölsteuer) von Waren und Dienstleistungen der Unternehmen aus eigener Produktion sowie von Handelswaren an andere Wirtschaftseinheiten. Dabei werden Bestandsmehrungen an Halb- und Fertigwaren und der Wert der selbsterstellten Anlagen berücksichtigt. Auch die Einnahmen aus der Vermietung von Wohnungen und von gewerblichen Anlagen und der Eigenkonsum der Unternehmer zählen dazu.
- Vorleistungen stellen den Wert der Waren und Dienstleistungen dar, die inländische Wirtschaftseinheiten von anderen in- und ausländischen Wirtschaftseinheiten bezogen und verbraucht haben.
- Gütersteuern sind alle Steuern und Abgaben für gehandelte Waren oder Dienstleistungen, die bei der Ermittlung des Gewinns nicht als Kostensteuern abzugsfähig sind. Dazu zählen z.B. die nicht abziehbare Umsatzsteuer, Zölle, Verbrauchssteuern, Abschöpfungsbeträge, Versicherungssteuer, Vergnügungssteuer usw.
- Gütersubventionen werden bei produzierten oder eingeführten Waren oder Dienstleistungen geleistet. Es sind Zahlungen ohne Gegenleistung vom Staat oder Institutionen der Europäischen Union an Unternehmen.

6.7.5

a) Bruttoinlandsprodukt
− Abschreibungen
= Nettoinlandsprodukt zu Marktpreisen
− Gütersteuern abzüglich Subventionen
= Nettoinlandsprodukt zu Herstellpreisen (Nettowertschöpfung)

b) Bruttoinlandsprodukt
+ Saldo der Primäreinkommen aus der übrigen Welt
= Bruttonationaleinkommen zu Marktpreisen
− Abschreibungen
= Nettonationaleinkommen zu Marktpreisen
− Produktions- und Importabgaben abzüglich Subventionen
= Volkseinkommen (Nettonationaleinkommen zu Faktorkosten)

6.7.6 Das nominale BIP stellt die Summe der inländischen Wertschöpfung in aktuellen Marktpreisen dar. Daraus folgt, dass in der betreffenden Volkswirtschaft eine Abhängigkeit von den Veränderungen des Preisindex besteht. Das wiederum bedeutet, dass das nominale BIP bei Inflation und daraus resultierenden steigenden Marktpreisen ebenfalls steigt. Bei Deflation und daraus folgenden fallenden Marktpreisen sinkt das nominale BIP. So kann es beispielsweise zu der Situation kommen, dass die Inflationsrate 2 % beträgt und die Güterproduktion unverändert bleibt. Auf diese Weise steigt das nominale BIP um 2 %.

Möchte man das BIP unabhängig von Preisveränderungen ermitteln, errechnet man das reale BIP. Hier werden alle Güter und Dienstleistungen zu den Preisen eines Basisjahres bewertet. Man spricht vom BIP zu konstanten Preisen. Mithilfe der Preissteigerung seit dem Basisjahr berechnet man das reale BIP aus dem nominalen BIP unter Verwendung folgender Formel:

$$BIP_{real} = \frac{BIP_{nominal}}{Preisindex} \cdot 100$$

6.7.7 Die Verwendungsrechnung sagt aus, welche Sektoren in welcher Höhe Güter konsumiert oder investiert haben.

	Private Konsumausgaben
+	Konsumausgaben des Staates
+	Ausrüstungsinvestitionen
+	Bauinvestitionen
+	sonstige Anlagen
+	Vorratsveränderungen und Nettozugang an Wertsachen
+	Exporte
–	Importe
=	Bruttoinlandsprodukt

- Private Konsumausgaben sind die Ausgaben der privaten Haushalte und der privaten Organisationen ohne Erwerbszweck (Waren und Dienstleistungskäufe, Eigenverbrauch).
- Mit den Konsumausgaben des Staates wird der Wert der Güterkäufe erfasst und die Einkommen der Staatsbediensteten. Es zählen auch die Ausgaben für Güter dazu, die als soziale Sachtransfers den privaten Haushalten zur Verfügung gestellt werden.
- Die Ausrüstungsinvestitionen beziehen sich auf Maschinen, Geräte und Fahrzeuge. Bei den Bauinvestitionen handelt es sich um Wohnbauten und Nichtwohnbauten. Zu den sonstigen Anlagen zählen zum Beispiel immaterielle Anlagegüter, Nutzpflanzungen und Nutztiere. Ausrüstungen, Bauten und sonstige Anlagen zusammengenommen ergeben die Bruttoanlageinvestitionen.
- Die Vorratsveränderungen werden aufgrund von Bestandsangaben für Vorräte berechnet. Man bewertet die Differenz zwischen Anfangs- und Endbestand zu konstanten Preisen anschließend mit jahresdurchschnittlichen Preisen. Die sich daraus ergebende Vorratsveränderung ist frei von Scheingewinnen und Scheinverlusten.
- Der Nettozugang an Wertsachen besteht aus den Verkäufen abzüglich Verkäufen der privaten Haushalte von Goldbarren und nicht umlauffähigen Goldmünzen.
- Der Außenbeitrag errechnet sich als Saldo zwischen den Exporten und Importen von Waren und Dienstleistungen. Nicht mit eingerechnet sind die grenzüberschreitenden Primäreinkommen zwischen Inländern und der übrigen Welt.

6.7.8 Hier wird die Frage nach der Verteilung des Volkseinkommens geklärt.

	Nettonationaleinkommen (Primäreinkommen)
–	Produktions- und Importabgaben an den Staat
+	Subventionen vom Staat
=	Volkseinkommen
–	Arbeitnehmerentgelt
=	Unternehmens- und Vermögenseinkommen

Das Volkseinkommen ist die Summe aller Erwerbs- und Vermögenseinkommen, die Inländern zugeflossen sind. Es umfasst das von Inländern empfangene Arbeitnehmerentgelt und die Unternehmens- und Vermögenseinkommen von Selbstständigen oder Arbeitnehmern. Erhöht man das Volkseinkommen um die Produktions- und Importabgaben an den Staat abzüglich Subventionen vom Staat sowie die empfangenen laufenden Transfers aus der übrigen Welt und zieht die geleisteten laufenden Transfers an die übrige Welt ab, so ergibt sich das verfügbare Einkommen der Gesamtwirtschaft. Ein großer Teil dieses verfügbaren Einkommens wird konsumiert, der Rest wird zum Sparen verwendet.

6.7.9

	Arbeitnehmerentgelt (Lohnquote)
+	Unternehmens- und Vermögenseinkommen (Gewinnquote)
+	Produktions- und Importabgaben abzügl. Subventionen
+	Abschreibungen
–	Saldo der Primäreinkommen aus der übrigen Welt
=	Bruttoinlandsprodukt

Arbeitnehmerentgelt und Unternehmens- und Vermögenseinkommen ergeben zusammen das Volkseinkommen.

6.7.10 Die Höhe des Bruttonationaleinkommens sagt nichts darüber aus, wie die Einkommen verteilt sind. Auch bei hohem Sozialprodukt kann ein Teil der Bevölkerung in Armut leben. Unentgeltliche Leistungen werden nicht erfasst, obwohl sie zum Wohlstand beitragen (z.B. Hausarbeit, Nachbarschaftshilfe, karitative Tätigkeiten).

7 Markt und Preis

- Marktarten
- Markttypen
- Marktformen
- Nachfrage der Haushalte
- Angebot der Unternehmen
- Elastizitäten
- Preisbildung auf dem Markt
- Marktgleichgewicht
- Wettbewerb
- staatliche Eingriffe in die Preisbildung
- Funktionen von Marktpreisen
- angebotsorientierte Wirtschaftspolitik

7.1 Übungsaufgaben Set 1

7.1.1 Stellen Sie eine normale Nachfrage, eine vollkommen preisunelastische und eine vollkommen preiselastische Nachfrage grafisch dar.

7.1.2 Steigende Preise führen normalerweise zu sinkender Nachfrage. Erläutern Sie eine Möglichkeit, wie ein steigender Preis zu steigender Nachfrage führen kann.

7.1.3 Zeigen Sie die Berechnung der Kreuzpreiselastizität. Erklären Sie sie mit einem Beispiel bei komplementären und bei substitutiven Gütern.

7.1.4 Beschreiben Sie die Reaktion der Nachfrage in Abbildung a) und in Abbildung b) bezogen auf die Veränderung des Preises.

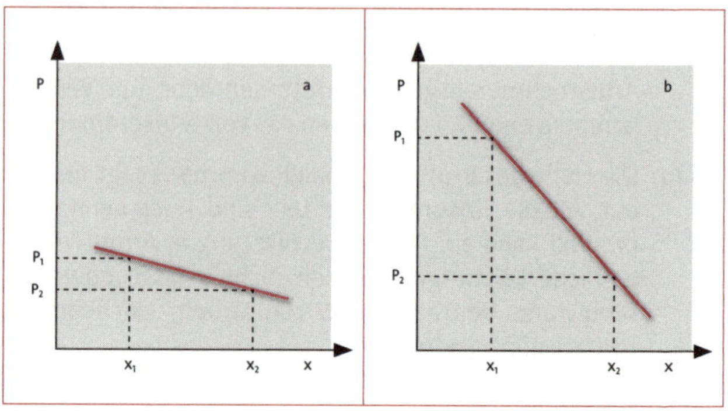

7.1.5 Bezeichnen Sie die Reaktion der Nachfrage nach einem Gut auf eine Änderung des Einkommens.

7.1.6 Finden Sie eine Ursache für eine Bewegung auf der Nachfragekurve und für eine Verschiebung der Nachfragekurve.

7.1.7 Zum Schutz der Landwirtschaft werden für bestimmte Erzeugnisse Mindestpreise festgelegt. Die Überproduktion muss der Staat aufkaufen. Die Grafik zeigt das angenommene Anbieter- und Nachfrageverhalten auf dem Markt für ein landwirtschaftliches Erzeugnis. Es soll ein staatlicher Mindestpreis vorgeschrieben werden, der 1 € über dem Gleichgewichtspreis liegt.

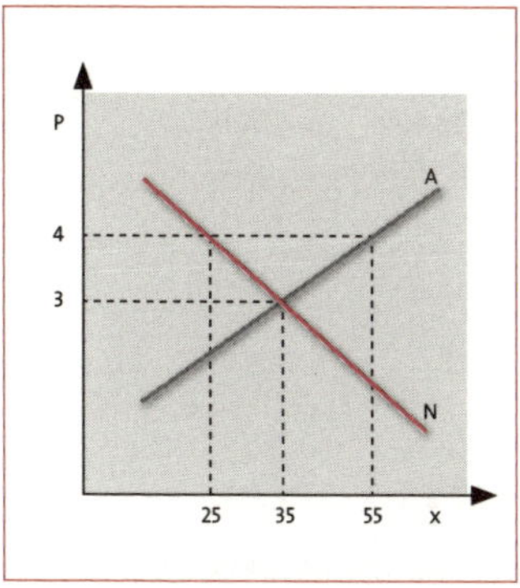

a) Wie viele Mengeneinheiten beträgt der Angebotsüberschuss beim vorgesehenen Mindestpreis?
b) Wie viel € muss der Staat zum Kauf des Überangebots aufwenden?
c) Wie viel € beträgt der Mehrerlös für die landwirtschaftlichen Erzeuger durch den Eingriff des Staates?

7.1.8 Für ein Gut besteht folgende Nachfragesituation:
Angebotspreis 10 € bei Nachfragemenge 18.000 Stück
Angebotspreis 12 € bei Nachfragemenge 14.000 Stück
Ermitteln Sie die Preiselastizität der Nachfrage bei einer Preiserhöhung von 10 € auf 12 €.

7.1.9 Erläutern Sie, bei welcher Nachfrageelastizität eine Erhöhung des Umsatzsteuersatzes in vollem Umfang zu einer Preiserhöhung führt.

7.1.10 An einer Warenbörse bestehen folgende Aufträge:

Kaufaufträge:
- Anton will 50 t kaufen, jedoch höchstens 20 € je t zahlen.
- Berta will 20 t kaufen, jedoch höchstens 24 € je t zahlen.

- Cäsar will 30 t kaufen, jedoch höchstens 27 € je t zahlen.
- Dora will 15 t kaufen, jedoch höchstens 30 € je t zahlen.

Verkaufsaufträge:

- Emil bietet 50 t an, jedoch nur, wenn mindestens 30 € je t erzielt werden.
- Friedrich bietet 30 t an, jedoch nur, wenn mindestens 27 € je t erzielt werden.
- Gustav bietet 45 t an, jedoch nur, wenn mindestens 24 € je t erzielt werden.
- Heinrich bietet 20 t an, jedoch nur, wenn mindestens 20 € je t erzielt werden.

Ermitteln Sie mithilfe der Tabelle den Gleichgewichtspreis:

Preis in €	Kaufaufträge	Gesamtnachfrage	Verkaufsaufträge	Gesamtangebot
20				
24				
27				
30				

7.2 Übungsaufgaben Set 2

7.2.1 Erläutern Sie die Veränderung der Kaufkraft bei folgenden Bedingungen:

a) Bei konstanter Umlaufgeschwindigkeit des Geldes steigt die Gütermenge. Die Geldmenge steigt weniger stark.

b) Bei konstanter Geldmenge nimmt die Gütermenge ab, die Umlaufgeschwindigkeit des Geldes steigt.

7.2.2 Beurteilen Sie die Veränderung des Preisniveaus, wenn bei konstanter Umlaufgeschwindigkeit des Geldes Güter und Geldmenge in gleichem Maße steigen.

7.2.3 Bei der Preiserhöhung eines Gutes von 50 auf 70 € pro Stück wird eine sinkende Nachfrage von 250 auf 200 Stück beobachtet.

a) Berechnen Sie die Preiselastizität der Nachfrage.

b) Formulieren Sie Aussagen anhand des ermittelten Ergebnisses.

7.2.4 Erläutern Sie die Funktionen des Gleichgewichtspreises.

7.2.5 Referieren Sie über die Möglichkeiten des Staates, in die Marktpreisbildung einzugreifen und welche Auswirkungen daraus resultieren können.

7.2.6 Bestimmen Sie die Ziele
a) die eine angebotsorientierte und
b) eine nachfrageorientierte Wirtschaftspolitik (Nachfragepolitik) verfolgt.

7.2.7 Erläutern Sie, bei welchen Produkten eine Preiserhöhung nur einen geringen oder gar keinen Nachfragerückgang nach sich zieht.

7.2.8 Aufgrund der nachfolgend aufgeführten Werte soll grafisch der Gleichgewichtspreis ermittelt werden.

Angebot und Nachfrage auf dem Rohstoffmarkt:

Preis in € je kg	Nachfrage in kg	Angebot in kg
15,00	100	1.000
12,50	200	950
10,00	350	800
7,50	600	600
5,00	800	100
2,50	1.100	50

7.2.9 Beschreiben Sie, welche Auswirkungen eine Erhöhung des Haushaltseinkommens auf die Nachfragekurve und damit auf den Gleichgewichtspreis hat.

7.2.10 Erläutern Sie den Begriff „Grenznutzen".

7.3 Übungsaufgaben Set 3

7.3.1 In der nachstehenden Grafik sind die noch fehlenden Begriffe zu ergänzen. Anschließend soll anhand der Darstellung die Preispolitik eines Anbieters in der Marktform der monopolistischen Konkurrenz erläutert werden.

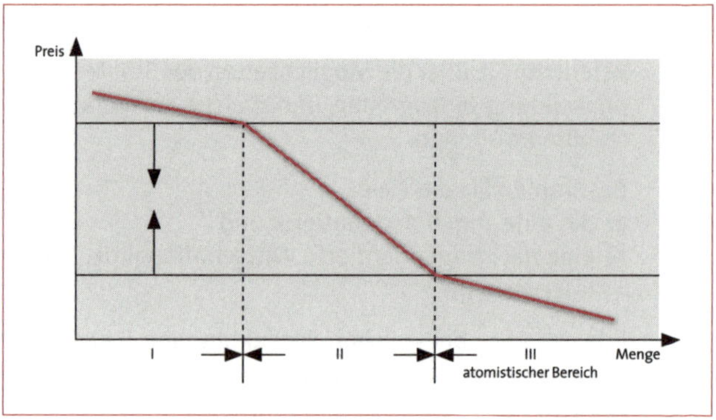

7.3.2 Unterscheiden Sie monopolistische und vollständige Konkurrenz. Entscheiden Sie, welche Preispolitik im Modell der vollständigen Konkurrenz herrscht.

7.3.3 Beurteilen Sie, welche Märkte dem Ideal des vollkommenen Marktes am nächsten kommen.

7.3.4 Jeder Betrieb kauft Büromaterial. Begründen Sie, um welche Marktform es sich beim Markt für Büromaterial handelt.

7.3.5 Entscheiden Sie, welche nachfolgend beschriebene Situation zu der in der Abbildung gezeigten Verschiebung der Nachfragekurve von N_1 zu N_2 führen kann.

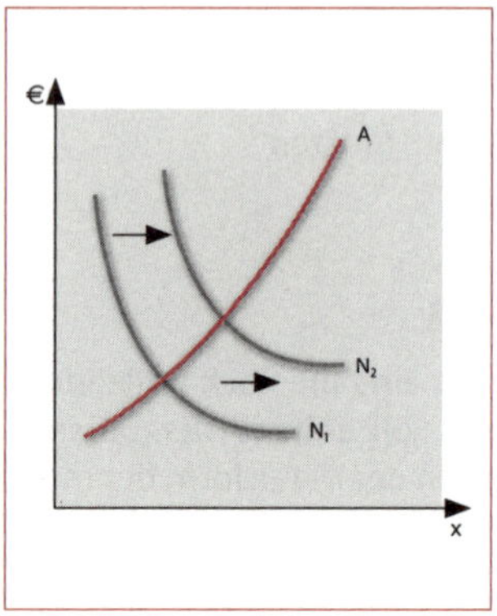

a) Die Haushalte erwarten Preissteigerungen und nehmen Hamsterkäufe vor.
b) Das reale Einkommen der Nachfrager sinkt durch die steigende Inflationsrate.
c) Der Preis eines Substitutionsgutes wurde gesenkt.
d) Das Einkommen sinkt durch Erhöhung der Steuern.
e) Der Preis sinkt durch eine verbesserte Kombination von Produktionsfaktoren.

7.3.6 Erklären Sie den Begriff „Dumping“.

7.3.7 Legen Sie dar, warum es vorkommen kann, dass die Nachfrage nach Gütern steigt, obwohl sie teurer geworden sind.

7.3.8 Erläutern Sie, was der Staat erreichen möchte, indem er Höchstpreise festsetzt.

7.3.9 Beurteilen Sie, wie sich die Festsetzung von Höchstpreisen von staatlicher Seite auswirken könnte.

7.3.10 Beschreiben Sie „Protektionismus“.

7.4 Übungsaufgaben Set 4

7.4.1 Führen Sie aus, welche Absicht sich hinter dem Gesetz gegen Wettbewerbsbeschränkungen (Kartellgesetz) verbirgt.

7.4.2 Entscheiden Sie, ob folgende Aussagen richtig sind:

Bei einer Elastizität der Nachfrage von 0 oder < 1 führt eine Preiserhöhung stets zu einer Erlössteigerung. Eine Erlössteigerung führt immer zu einer Gewinnerhöhung.

7.4.3 Schildern Sie, was man unter einem inferioren Gut versteht.

7.4.4 In der Volkswirtschaftstheorie existiert eine doppelt geknickte Nachfragekurve (Preis-Absatz-Funktion). Bestimmen Sie, was die in folgender Abbildung mit 1, 2 und 3 bezeichneten Bereiche darstellen.

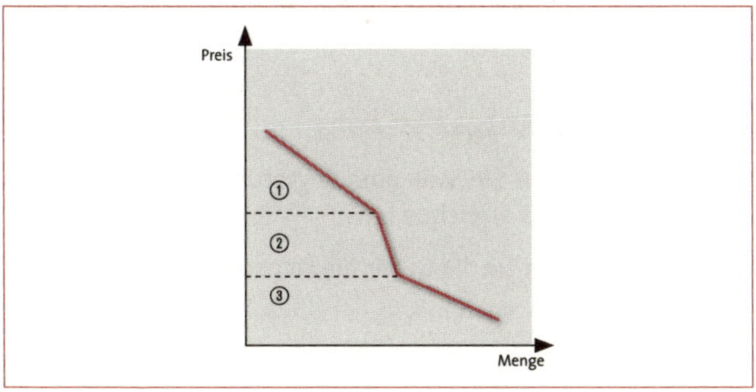

7.4.5 Erarbeiten Sie, welche Bedeutung die Konsumentenrente und die Produzentenrente für die Unternehmer bzw. die Haushalte haben.

7.4.6 Legen Sie die Situation des Grenzanbieters und des Grenznachfragers bezüglich Gleichgewichtspreis, Stellung am Markt, Anbieter-/Produzentenrente und Nachfrager-/Konsumentenrente dar.

7.4.7 Beurteilen Sie, was einen Käufermarkt bezüglich der Preise der Anbieter kennzeichnet.

7.4.8 Auf einem vollkommenen Markt mit vollständiger Konkurrenz besteht für ein gleichartiges Gut folgende Gesamtnachfrage und folgendes Gesamtangebot:

Preis je Stück in €	Gesamtnachfragemenge in Stück	Gesamtangebotsmenge in Stück
60	500	300
65	450	350
70	400	400
75	350	450
80	300	500

Entscheiden Sie, bei welchem Preis sich ein Nachfrageüberhang von 100 Stück ergibt.

7.4.9 Beurteilen Sie die Situation, wenn Anbieter und Nachfrager eine vollständige Marktübersicht haben.

7.4.10 Bestimmen Sie, wie sich die Nachfrage im Modell der vollkommenen Konkurrenz verändert, wenn die Marktpreise steigen.

7.5 Übungsaufgaben Set 5

7.5.1 Beschreiben Sie, was eine Regierung mit der Erhebung eines Einfuhrzolls erreichen will.

7.5.2 Bezeichnen Sie die Güter, die sich im Absatz gegenseitig unterstützen.

7.5.3 Entscheiden Sie, ob eine Erhöhung der gesetzlichen Sozialversicherungsbeiträge zu einer Bedarfssteigerung bei wirtschaftlichen Gütern führt.

7.5.4 Zeigen Sie am Beispiel „Nahrungsmittel", dass die Haushalte bei steigendem Einkommen zur Deckung des Existenzbedarfs zwar etwas mehr ausgeben, diese Ausgaben aber im Verhältnis zu den Gesamtausgaben zurückgehen.

7.5.5 Erläutern Sie, welche Kriterien ein Unternehmer bei der Entscheidung überlegen wird, ob er ein neues Produkt auf dem Markt anbieten soll oder nicht.

7.5.6 Nennen Sie Gründe dafür, was eine Verschiebung der Nachfragekurve nach rechts verursachen kann.

7.5.7 Beschreiben Sie, welche Marktorte der Arbeitsmarkt, der Immobilienmarkt und der Geld- und Kapitalmarkt haben.

7.5.8 Zählen Sie die Kennzeichen eines polypolistischen Marktes auf.

7.5.9 Nennen Sie Merkmale eines oligopolistischen Marktes.

7.5.10 Entscheiden Sie, bei welchem der folgenden Produkte ein elastischer bzw. ein unelastischer Nachfrageverlauf unterstellt werden kann:
a) Benzin
b) Brot
c) Sekt
d) Zigaretten
e) Hotelaufenthalt in Hamburg
f) Medikamente gegen Heuschnupfen

7.6 Übungsaufgaben Set 6

7.6.1 Führen Sie aus, welche Entwicklung zu einer Angebotslücke führen kann.

7.6.2 Begründen Sie, wie es zu einer Nachfragelücke kommt.

7.6.3 Überlegen Sie, was einen Verbraucher dazu veranlassen könnte, eine bestimmte Ware immer in einem bestimmten Geschäft zu kaufen.

7.6.4 Mithilfe der folgenden Werte sollen grafisch der Gleichgewichtspreis und die Gleichgewichtsmenge bestimmt werden.

Preis in € je Liter	Nachfrage in Liter	Angebotsmenge in Liter
2,00	500	0
2,20	400	100
2,40	300	200
2,60	200	300
2,80	100	400
3,00	0	500

7.6.5 Erklären Sie, wie sich die direkte Preiselastizität entlang einer linearen Nachfragefunktion verändert und stellen Sie dies rechnerisch und grafisch dar.

7.6.6 Folgende Behauptung soll erläutert werden:

Der Preissetzungsspielraum eines Monopolisten ist umso größer, je unelastischer die Nachfrage ist.

7.6.7 Stellen Sie die Nachfrage eines Haushalts grafisch dar und erläutern Sie den Verlauf der Kurve.

7.6.8 Beschreiben Sie Gründe
a) weshalb die Nachfrage eines Haushalts nach einem bestimmten Gut abnehmen kann.
b) wie es zu einem anormalem Verhalten der Nachfrager kommen kann, sie also bei steigenden Preisen mehr nachfragen und umgekehrt.

7.6.9 Stellen Sie jeweils grafisch dar:
a) eine steigende und eine sinkende Nachfrage und
b) ein steigendes und ein sinkendes Angebot.

7.6.10 Erläutern Sie den Preismechanismus, der immer wieder zum Gleichgewichtspreis auf dem Markt führt.

7.6.11 Erläutern Sie neben dem Preis weitere Faktoren, von denen das Gesamtangebot eines Gutes abhängt.

7.7 Übungsaufgaben Set 7

7.7.1 Erläutern Sie
a) Angebotsüberhang und Nachfrageüberhang und stellen Sie beide Situationen grafisch dar.
b) Konsumentenrente und Produzentenrente.

7.7.2 Skizzieren Sie die Preisanpassung und Bildung des Gleichgewichtspreises bei Veränderung der Nachfrage bzw. des Angebots.

7.7.3 Definieren Sie den „vollkommenen Markt" und nennen Sie seine Merkmale.

7.7.4 a) Unterscheiden Sie Marktformen nach der Zahl der Anbieter und der Nachfrager.
b) Bestimmen Sie die für den Konsumenten vorteilhafte Marktform.

7.7.5 Erläutern Sie, warum polypolistische Märkte meist nicht die Bedingungen des vollkommenen Marktes erfüllen.

7.7.6 Charakterisieren Sie das Angebotsoligopol.

7.7.7 Erläutern Sie die Funktionen von Marktpreisen.

7.7.8 Skizzieren Sie die Festlegung von Mindestpreisen und Höchstpreisen durch den Staat in einer Angebots-Nachfrage-Grafik.

7.7.9 Erläutern Sie Auswirkungen von
a) Subventionen.
b) Steuererhebungen bzw. Steuererhöhungen.

7.7.10 Der Staat hat verschiedene Möglichkeiten, wirtschaftspolitisch in das Wirtschaftsgeschehen einzugreifen. Nennen Sie zwei Beispiele.

7.1 Lösungen Set 1

7.1.1 Die normale Nachfrage ist hier linear dargestellt (Preis und Menge stehen in gleichem Verhältnis.). Im Allgemeinen ergibt sich hier eine Kurve.

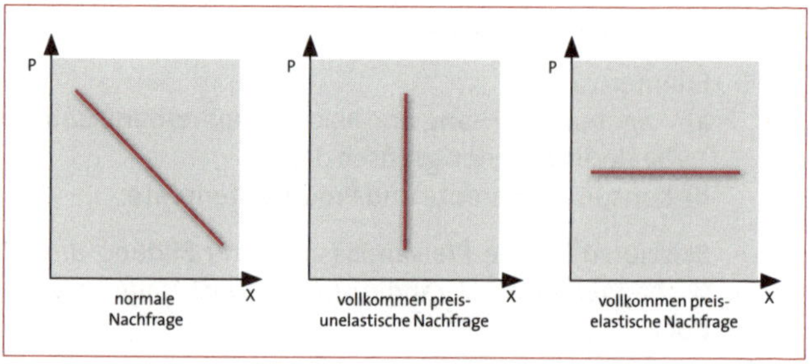

7.1.2 Der Preis wird als Qualitätsmerkmal gewertet. Je teurer ein Gut ist, desto hochwertiger wird es eingeschätzt. Deshalb wird es von bestimmten Käuferkreisen vermehrt nachgefragt.

7.1.3

$$\text{Kreuzpreiselastizität} = \frac{\text{relative (prozentuale) Mengenänd. bei Gut A}}{\text{relative (prozentuale) Preisänderung bei Gut B}}$$

- Bei komplementären Gütern ist der Kreuzpreiselastizitätskoeffizient negativ. Beispiel: Steigen die Preise für Ski, geht der Absatz von Skibindungen zurück.
- Bei substitutiven Gütern ist der Kreuzpreiselastizitätskoeffizient positiv. Beispiel: Steigt der Butterpreis, wird mehr Margarine verkauft.

7.1.4 Reaktion der Nachfrage (Grafik)

a) Die Nachfrage ist hier elastisch (große Mengenreaktion). Bei Preissenkungen steigt die Nachfrage ziemlich stark. Sinkt der Preis von P_1 nach P_2, steigt die Nachfrage relativ stark von x_1 nach x_2.

b) Die Nachfrage ist hier unelastisch (kleine Mengenreaktion). Bei Preissenkungen steigt die Nachfrage relativ gering. Sinkt der Preis von P_1 nach P_2, steigt die Nachfrage „nur" von x_1 nach x_2.

7.1.5 Einkommenselastizität

7.1.6 Eine Bewegung auf der Nachfragekurve tritt ein, wenn die nachgefragte Menge auf Preisänderungen reagiert. Beispiel: Steigen die Preise für Automobile, werden weniger Autos nachgefragt.

Die Nachfragekurve verschiebt sich, wenn sich die Preise anderer Güter oder das Einkommen oder die Bedarfsstruktur ändern. Beispiel: Nimmt das Haushaltseinkommen ab, werden weniger Luxusgüter nachgefragt.

7.1.7 Anbieter- und Nachfrageverhalten (Grafik)

a) Der Angebotsüberschuss beträgt 30 Mengeneinheiten (55 − 25).

b) 120 € (30 · 4)

c) 115 € = (55 · 4 = 220) − (35 · 3 = 105)

7.1.8 Die Änderung des Preises von 10 € auf 12 € entspricht 20 %. Die Mengenänderung von 18.000 Stück auf 14.000 Stück entspricht 22,2 %.

$$\text{Preiselastizität} = \frac{\text{\% Mengenänderung}}{\text{\% Preisänderung}} = \frac{22{,}2\,\%}{20\,\%} = 1{,}1$$

7.1.9 Dies ist bei E = 0 der Fall, da der Verbraucher keine Möglichkeit hat, auf das Gut zu verzichten.

7.1.10

Preis in €	Kaufaufträge	Gesamtnachfrage	Verkaufsaufträge	Gesamtangebot
20	50	115	20	20
24	20	65	45	65
27	30	45	30	95
30	15	15	50	145

Kaufaufträge: Kauft jemand für 30 €, kauft er auch für 27 €. Kauft jemand für 27 €, kauft er auch für 24 €.
15 t + 30 t + 20 t = 65 t Gesamtnachfrage

Verkaufsaufträge: Verkauft jemand für 20 €, verkauft er auch für 24 €.
20 t + 45 t = 65 t

Der Gleichgewichtspreis liegt bei 24 €, da hier das Angebot und die Nachfrage übereinstimmen.

7.2 Lösungen Set 2

7.2.1 Veränderung der Kaufkraft

a) Die Kaufkraft steigt.

b) Die Kaufkraft sinkt.

7.2.2 Das Preisniveau bleibt unverändert.

7.2.3 a)

$$\text{Preiselastizität der Nachfrage} = \frac{\text{prozentuale Änderung der Nachfragemenge}}{\text{prozentuale Preisänderung}}$$

$$\text{Preiselastizität} = \frac{(250-200)\cdot 100}{250} : \frac{(50-70)\cdot 100}{50} = -\frac{20}{40} = \begin{matrix}-0{,}5,\\ \text{abs.: } 0{,}5\end{matrix}$$

b) Eine Preiselastizität von 0,5 gibt an, dass sich die Nachfragemenge um 0,5 % ändert, wenn sich der Preis um 1 % ändert. Die relative Nachfrageänderung ist geringer als die relative Preisänderung. Die Nachfrage ist unelastisch.

7.2.4 Der Gleichgewichtspreis liegt im Schnittpunkt von Angebots- und Nachfragekurve. Güterangebot und Güternachfrage werden aufeinander abgestimmt. Er übt eine Markträumungsfunktion aus, da zum Gleichgewichtspreis der größtmögliche Umsatz stattfindet. Gleichzeitig erfüllt er eine Marktausschaltungsfunktion, da Anbieter und Nachfrager, die nicht bereit sind, zum Gleichgewichtspreis zu verkaufen bzw. zu kaufen, nicht ins Geschäft kommen. Da der Gleichgewichtspreis die produktiven Kräfte einer Volkswirtschaft zu den Stellen höchster Effektivität lenkt, hat er auch eine Lenkungsfunktion.

7.2.5

- Höchstpreisverordnung: Der staatliche Preis ist kleiner als der Gleichgewichtspreis. Als Folge tritt eine Angebotslücke (Nachfrageüberhang) auf. Es bilden sich ein Schwarzmarkt und eine zurückgestaute Inflation. Der Staat müsste z.B. durch Subventionen dafür sorgen, dass ein ausreichendes Angebot vorhanden ist oder durch Rationalisierung/Kontingentierung die Nachfrage einschränken.
- Mindestpreisverordnung: Der staatliche Preis ist höher als der Gleichgewichtspreis. Als Folge daraus entsteht eine Nachfragelücke (Angebotsüberhang). Der Staat müsste die Abnahme des Überschusses garantieren bzw. Prämien zah-

len, um das Angebot einzudämmen (Prämien für Nichtproduktion, Stilllegungsprämien).

7.2.6 Wirtschaftspolitische Ziele

a) Angebotsorientiert: Das Ziel ist angemessenes Wirtschaftswachstum durch dauerhafte Verbesserung der Rahmenbedingungen für Investitionen der Wirtschaft. Die Staatsverschuldung soll abgebaut und ein investitionsförderndes Steuersystem aufgebaut werden. Subventionen sollen verringert und Forschung und Entwicklung gefördert werden.

b) Nachfrageorientiert: Unter der Annahme, dass die gesamtwirtschaftliche Nachfrage bestimmend ist für das gesamtwirtschaftliche Angebot und daraus folgend den Beschäftigungsgrad und die Höhe der Produktion, können folgende Maßnahmen die Erhöhung der Konsumausgaben unterstützen: Der Staat erhöht seine Investitionen. Er entlastet private Haushalte durch Steuersenkungen und gewährt Zuschüsse. Er schafft Rahmenbedingungen, die den Verbrauch fördern. Der öffentliche Sektor erhöht seine Ausgaben.

7.2.7 Beispiele: Grundnahrungsmittel, Trinkwasser

7.2.8 Es ergeben sich zwei nicht lineare Kurven, die sich bei einer Menge von 600 kg zum Preis von 7,50 € schneiden:

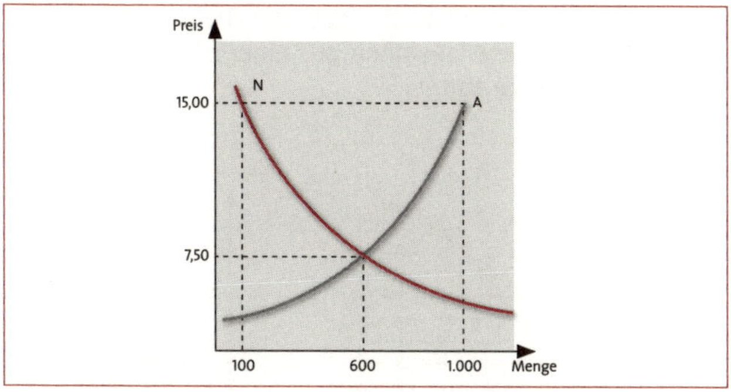

7.2.9 Bei Zunahme der Nachfrage kann sich das Angebot nicht sofort den veränderten Nachfragebedingungen anpassen. Durch die zeitlich verzögerte Anpassung an eine Nachfrageverschiebung ergibt sich ein mehrstufiger Ablauf aus Anpassungsaktionen und Anpassungsreaktionen der Anbieter und Nachfrager. Dies führt zu einem neuen Gleichgewichtspreis. Da die grafische Darstellung der Aktionen und Reaktionen von Angebot und Nachfrage wie Spinnweben aussieht, wird dieser Vorgang auch Spinnweb-Theorem genannt (Cobweb-Theorem).

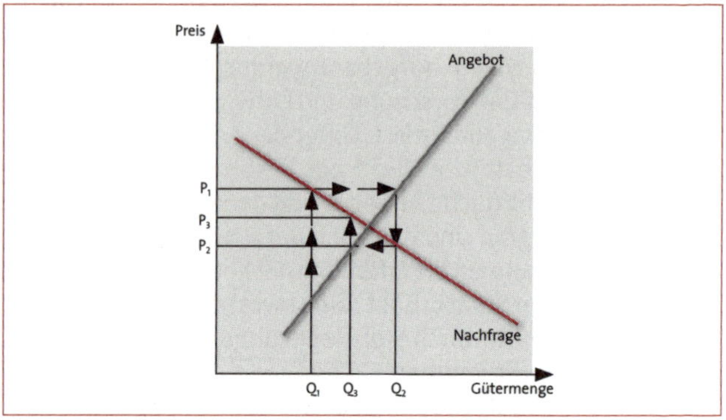

Spinnweb-Theorem

7.2.10 Der Grenznutzen ist ein Nutzenzuwachs, der dann entsteht, wenn der Verbraucher eine zusätzliche Gütereinheit konsumiert. Man kann auch sagen: Der Grenznutzen ist der Nutzen, den die letzte Teileinheit aus einer zur Verfügung stehenden Gütermenge stiftet.

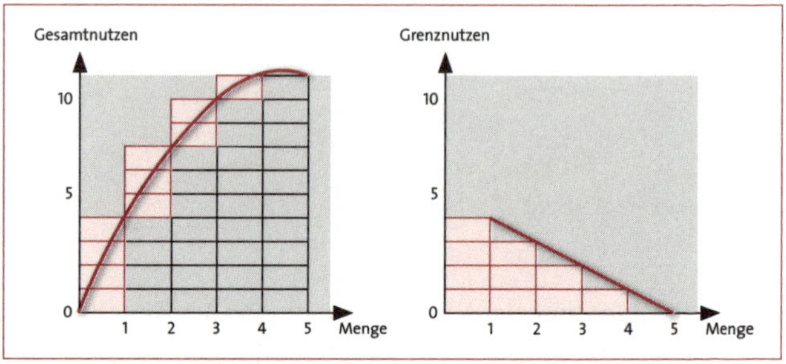

Grafische Darstellung von Gesamtnutzen und Grenznutzen

7.3 Lösungen Set 3

7.3.1 Der mit I gekennzeichnete Bereich ist der Bereich der vollständigen Abwanderung. Übersteigt der Preis eines Gutes den Preis seiner Preisklasse (oberer Grenzpreis), wandern die Kunden zur Konkurrenz ab.

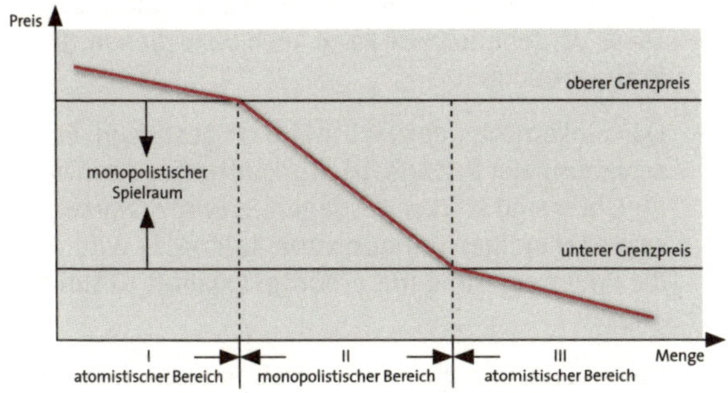

Im Bereich II besitzt der Anbieter eine Monopolstellung. Die Preisbildung vollzieht sich wie beim Angebotsmonopol. Erhöht der Monopolist die Preise zu sehr, kann das die Kaufkraft der Nachfrager übersteigen. Außerdem lockt er eventuell Hersteller von Substitutionsgütern auf den Markt.
Der Bereich III ist der Bereich der vollständigen Zuwanderung. Unterschreitet der Preis eines Gutes den unteren Grenzpreis, würde die Nachfrage stark zunehmen. Allerdings könnte sie wegen mangelnder Kapazität nicht aufgefangen werden.

7.3.2 Die monopolistische Konkurrenz erfüllt im Gegensatz zur vollständigen Konkurrenz nicht die Bedingung des vollkommenen Marktes. Der monopolistische Spielraum ist durch die Schaffung von Präferenzen gekennzeichnet. Bei der vollständigen Konkurrenz bildet sich der Gleichgewichtspreis aufgrund von Angebot und Nachfrage. Aktive Preispolitik ist für den einzelnen Polypolisten nicht möglich, er muss den Marktpreis als gegebenes Datum akzeptieren (Mengenanpasser).

7.3.3 Devisenmarkt, Börse

7.3.4 Es handelt sich um ein Polypol, da vielen Anbietern viele Nachfrager gegenüberstehen.

7.3.5 Situation a): Die Haushalte nehmen Hamsterkäufe vor, weil sie Preissteigerungen erwarten.

7.3.6 Güter werden unterhalb ihres Inlandspreises exportiert, um auf den ausländischen Märkten die Konkurrenz zu verdrängen. Diese Vorgehensweise kann auch dazu dienen, die Marktanteile zu verteidigen.

7.3.7 Das Einkommen der Haushalte ist gestiegen. Es hat eine Verschiebung der Bedarfsstruktur stattgefunden. Die Preise anderer Güter sind stärker gestiegen. Es wird erwartet, dass die Preise weiter steigen (Inflationsmentalität). Es wird vermutet, dass die Preissteigerung mit erhöhter Qualität zu tun hat (Prestigeeffekt).

7.3.8 Die Festsetzung von Höchstpreisen dient dem Schutz der Verbraucher (z.B. Mieten im sozialen Wohnungsbau).

7.3.9 Falls der Höchstpreis so niedrig angesetzt ist, dass ein Teil der Anbieter nicht mehr kostendeckend arbeiten kann, wird die Wirtschaft unterversorgt. Es können sich schwarze Märkte bilden, auf denen die knappen Güter zu überhöhten Preisen gehandelt werden.

7.3.10 Mit „Protektionismus" wird die Politik eines Staates mit dem Ziel bezeichnet, den nationalen Markt vor ausländischer Konkurrenz zu schützen.

7.4 Lösungen Set 4

7.4.1 Eine Marktwirtschaft kann nur funktionieren, wenn zwischen Anbietern Wettbewerb herrscht. Verpflichten sich Unternehmen zu einer bestimmten Verhaltensweise (Preisabsprachen), so wird auf die Märkte durch Wettbewerbsbeschränkung Einfluss genommen. Dies kann zum Nachteil des Verbrauchers führen.

7.4.2 Eine Erlössteigerung tritt immer ein, weil ein Mengenrückgang bei E = 0 nicht stattfindet und bei E < 1 unterproportional verläuft. Eine Gewinnsteigerung muss nicht unbedingt vorliegen, da die Kosten auch überproportional ansteigen können.

7.4.3 Es handelt sich hier um ein Gut, das als minderwertig empfunden wird. Die Haushalte ersetzen es, sobald es die Einkommensverhältnisse zulassen.

7.4.4 Bei der doppelt geknickten Nachfragekurve handelt es sich um eine Situation, die den vollkommenen Markt zu einem unvollkommenen macht und in der für dasselbe Gut unterschiedliche Preise möglich sind. Der Bereich 2 ist das sogenannte monopolistische Intervall. Der Anbieter kann hier seinen Preis setzen, ohne dass Kunden abwandern oder solche von der Konkurrenz zuwandern, da die relativen Preissenkungen bzw. -erhöhungen zu gering sind, um die Präferenzen zu überwinden.
Der Bereich 1 und der Bereich 3 sind die sogenannten atomistischen Bereiche. Erhöht ein Anbieter den Preis über den oberen Grenzpreis oder senkt er ihn unter den unteren Grenzpreis, so verlieren die Präferenzen ihre Wirkung. Man spricht hier vom Bereich der vollständigen Abwanderung bei Überschreiten des oberen Grenzpreises und vom Bereich der vollständigen Zuwanderung bei Unterschreiten des unteren Grenzpreises.

7.4.5 Alle Nachfrager, die einen höheren Preis als den Gleichgewichtspreis zu zahlen bereit wären, erwerben in Höhe der Differenz zwischen dem tatsächlichen Preis (Gleichgewichtspreis) und dem geplanten Preis eine Rente. Dieses Wissen könnte die Unternehmer dazu bringen, bei bestimmten Gütern Preisdifferenzierungen vorzunehmen, um bei bestimmten Einkommensschichten Kaufkraft abzuschöpfen. Alle Anbieter, die zu einem niedrigeren Preis als dem Gleichgewichtspreis ihre Produkte hätten anbieten können, erhalten eine Produzentenrente in Höhe der Differenz zwischen tatsächlichem Preis und für sie noch ausreichend geplantem Preis. Unternehmen könnten ihre günstige Kostenstruktur ausnutzen und den Verkaufspreis so weit senken, dass die konkurrierenden Betriebe vom Markt verschwinden. Dies könnte zu einem ruinösen Wettbewerb führen.

7.4.6 Wer bei vorliegendem Gleichgewichtspreis gerade noch anbieten kann, wird als Grenzanbieter bezeichnet. Er kann aufgrund seiner betrieblichen Situation und seiner Kosten nicht unter dem Gleichgewichtspreis anbieten. Ergäbe sich ein niedrigerer Gleichgewichtspreis, würde der Grenzanbieter ausscheiden. Er hat keine Anbieter-/Produzentenrente.
Wer bei vorliegendem Gleichgewichtspreis gerade noch nachfragen kann, ist Grenznachfrager. Er hat keine Nachfrager-/Konsumentenrente. Bei einem höheren Gleichgewichtspreis könnte er nicht mehr kaufen.

7.4.7 Durch den Umsatzrückgang werden die Hersteller veranlasst, den Käufern Sonderangebote bzw. Preissenkungen zu offerieren.

7.4.8 Bei einem Preis von 65 € je Stück ergibt sich ein Nachfrageüberhang von 100 Stück. Der Gesamtnachfragemenge von 450 Stück steht eine Gesamtangebotsmenge von 350 Stück gegenüber.

7.4.9 Bei vollständiger Marktübersicht von Anbietern und Nachfragern herrscht im vollkommenen Markt Markttransparenz.

7.4.10 Die Nachfrage sinkt bei steigenden Marktpreisen.

7.5 Lösungen Set 5

7.5.1 Der Einfuhrzoll dient dem Schutz einzelner Wirtschaftszweige gegen ausländische Konkurrenz.

7.5.2 Diese Güter bezeichnet man als Komplementärgüter.

7.5.3 Diese Maßnahme führt nicht zu einer Bedarfssteigerung, da den Haushalten weniger Einkommen zur Verfügung steht.

7.5.4 Haushalte mit steigendem Einkommen werden höherwertigere Nahrungsmittel kaufen oder auch Zutaten, die exotisch und relativ teuer sind. Es steigt der Anteil an Genussmitteln, d.h. der Nahrungsmittelkonsum wird qualitativ gesteigert. Da die Haushaltsmitglieder aber nach der Einkommenssteigerung auch nicht mehr essen können als vorher, wird die Steigerung der Menge nur sehr gering ausfallen. Es ergibt sich quantitativ kein Konsumzuwachs. Der Sättigungseffekt bei den Grundbedürfnissen liegt weit über dem der Kulturbedürfnisse. Eine Einkommenssteigerung wird in erster Linie in den Freizeitbereich investiert werden.

7.5.5 Erzielbarer Preis, Möglichkeiten zur Preisdifferenzierung, Produktionspotenzial, Substitutionsgüter, Gewinne bei alternativen Produkten, Nachfrageelastizität, Absatzmöglichkeiten, Konkurrenz, Entwicklungs- und Herstellungskosten usw.

7.5.6 Z.B. Steuersenkungen; Lohnerhöhungen; Preissenkungen bei anderen Produkten, wodurch mehr Kaufkraft zur Verfügung steht; Preissenkungen bei einem Komplementärgut; Preiserhöhung bei einem Substitutionsprodukt

7.5.7
- Marktorte des Arbeitsmarktes: Stellenteil der Zeitungen, Arbeitsagentur
- Marktorte des Immobilienmarktes: Immobilienteil der Zeitungen, Makler
- Marktorte des Geld- und Kapitalmarktes: Banken, Börse, andere Kreditinstitute

7.5.8 Viele Anbieter und viele Nachfrager, geringer Marktanteil der einzelnen Anbieter, keine Einflussnahme auf den Markt durch Fernbleiben eines Anbieters. Die Anbieter sind Mengenanpasser. Für Anbieter und Nachfrager besteht freier Marktzugang.

7.5.9 Es gibt relativ wenige Anbieter bzw. Nachfrager. Die einzelnen Marktteilnehmer haben einen relativ großen Marktanteil. Es besteht die Tendenz zur Produktdifferenzierung. Neue Marktteilnehmer haben schlechte Zugangsmöglichkeiten durch hohe Markteintrittsschranken.

7.5.10 Nachfrageverlauf

a) unelastisch	b) unelastisch	c) elastisch
d) unelastisch	e) elastisch	f) unelastisch

7.6 Lösungen Set 6

7.6.1 Ist das gesamtwirtschaftliche Angebot kleiner als die gesamtwirtschaftliche Nachfrage, liegt eine Angebotslücke vor. Das Volkseinkommen (in Geld ausgedrückte Summe aller Waren und Dienstleistungen, die verbraucht oder investiert wurden abzüglich Abschreibungen und Gütersteuern) reicht nicht aus, um den geplanten Konsum und die geplanten Investitionen zu decken. Es findet ein Expansionsprozess statt, bis das güterwirtschaftliche Gleichgewicht wieder erreicht ist.

7.6.2 Eine Nachfragelücke (die gesamtwirtschaftliche Nachfrage ist kleiner als das gesamtwirtschaftliche Angebot) liegt vor, wenn das Volkseinkommen größer ist als die geplanten Investitionen und der geplante Konsum. Die Beschäftigung ist rückläufig, bis das güterwirtschaftliche Gleichgewicht wieder erreicht ist.

7.6.3 persönliche, zeitliche und räumliche Präferenzen

7.6.4 Die Gleichgewichtsmenge liegt bei 250 Litern, der Gleichgewichtspreis bei 2,50 €.

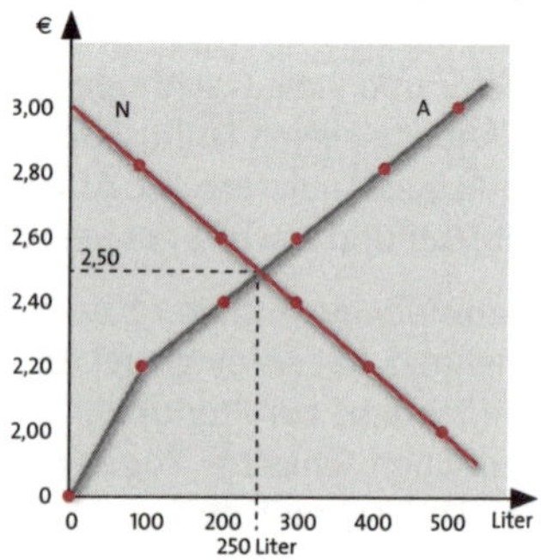

7.6.5 Der absolute Wert der direkten Preiselastizität sinkt mit abnehmendem Preis. Zur Berechnung der Elastizität dividiert man die prozentuale Änderung der Nachfragemenge durch die prozentuale Preisänderung.

$$\text{Direkte Preiselastizität der Nachfrage} = \frac{\text{prozentuale Änderung der Nachfragemenge}}{\text{prozentuale Preisänderung}}$$

$E = \frac{\Delta x}{x} : \frac{\Delta p}{p} = \frac{\Delta x}{\Delta p} \cdot \frac{p}{x}$ In diesem Elastizitätsausdruck wird der Faktor p/x mit abnehmendem Preis und zunehmender Menge immer kleiner, während $\Delta x / \Delta p$ entlang einer linearen Nachfragefunktion konstant bleibt.

Die Elastizität bei einer bestimmten Preis-Mengen-Kombination kann grafisch gemessen werden, indem – ausgehend von dieser Preis-Mengen-Kombination – die Strecke auf der Nachfragekurve bis zur Mengenachse in Relation gesetzt wird zur Strecke bis zur Preisachse.

Beispiel

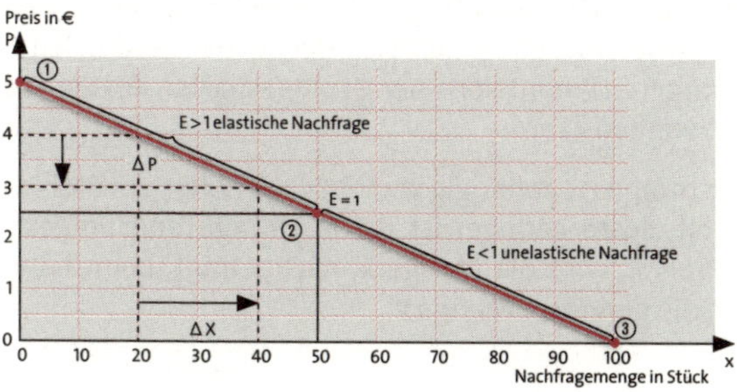

Fall 1: Preissenkung von 4 € auf 3 €
Bei 4 € werden 20 Stück nachgefragt, bei 3 € 40 Stück.
Die Preisänderung beträgt – 1 € bzw. – 25 %.
Die Mengenänderung beträgt 20 Stück bzw. 100 %.

Direkte Preiselastizität der Nachfrage = $\left|\frac{+100}{-25}\right| = 4$

Fall 2: Preissenkung von 2 € auf 1 €
Bei 2 € werden 60 Stück nachgefragt, bei 1 € 80 Stück.
Die Preisänderung beträgt – 1 € bzw. – 50 %.
Die Mengenänderung beträgt 20 Stück bzw. $33{,}\bar{3}$ %.

Direkte Preiselastizität der Nachfrage = $\left|\frac{+33{,}\bar{3}}{-50}\right| = 0{,}6\bar{6}$

Trotz gleicher absoluter Preis- und Mengenänderungen in den beiden Fällen (– 1 € und 20 Stück), ergibt sich eine unterschiedliche Preiselastizität der Nachfrage. Schneidet die Nachfragekurve die Preisachse (Punkt 1 in der Grafik), ist die Preiselastizität unendlich groß. Bei Halbierungspunkt 2 nimmt sie den Wert 1 an. Schneidet die Nachfragekurve die Mengenachse (Punkt 3 in der Grafik), ist die Elastizität gleich Null.

7.6.6 Bei unelastischer Nachfrage zieht eine Preiserhöhung des Monopolisten eine Umsatzerhöhung nach sich. Diese ist umso größer, je unelastischer die Nachfrage ist. Der Extremfall ist eine vollkommen preisunelastische Nachfrage, bei der die prozentuale Umsatzerhöhung der prozentualen Preiserhöhung entspricht. Bei unelastischer Nachfrage kann der Monopolist seine Preise erhöhen und einen relativ hohen Preis festsetzen. Bei sehr elastischer Nachfrage zieht eine Preiserhöhung einen hohen Umsatzrückgang nach sich, der auch nicht durch die bei der geringeren Produktionsmenge eingesparten Kosten ausgeglichen werden kann.

7.6.7 Die Nachfrage ist abhängig vom Preis. Je höher der Preis eines Gutes ist, desto geringer ist die Nachfrage und umgekehrt. Beim Preis P_1 wird die Menge x_1 nachgefragt, beim höheren Preis P_2 die geringere Menge x_2.

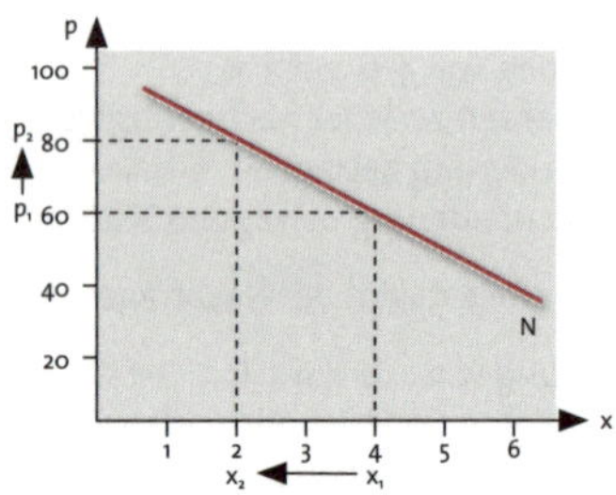

7.6.8 a) Das Bedürfnis sinkt, das Einkommen sinkt, der Preis eines Komplementärgutes steigt, der Preis eines Substitutionsgutes sinkt, der Haushalt sieht pessimistisch in die Zukunft.

b) Beim Prestige-Effekt werden Güter mit einem hohen Preis zur Steigerung des Ansehens nachgefragt. Beim Snob-Effekt (Snob-Value-Effekt) kaufen die Nachfrager ein bestimmtes Gut nicht mehr, da es von anderen vermehrt gekauft wird. Es verliert die Exklusivität. Der Mitläufereffekt (Band-Waggon-Effekt) liegt vor, wenn die Nachfrage nach einem Gut bei konstanten Preisen steigt, weil es auch von anderen Nachfragern gekauft wird. Dieser Nachfrager möchte dazugehören und nicht auffallen.

7.6.9 a)

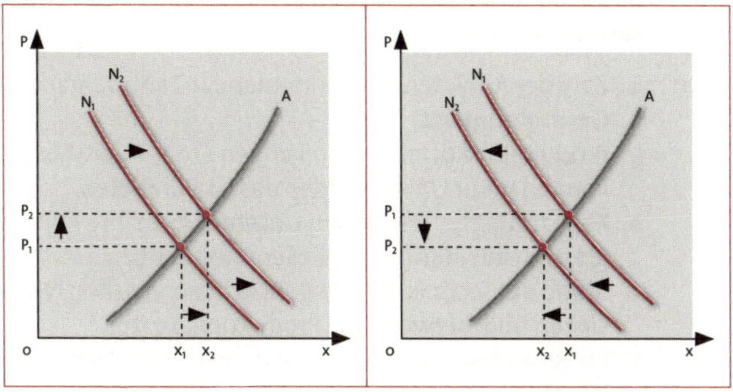

steigende Nachfrage *sinkende Nachfrage*

b)

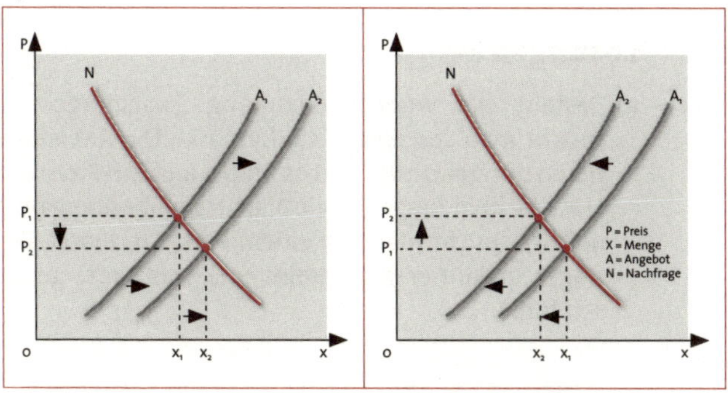

zunehmendes Angebot *sinkendes Angebot*

7.6.10 Da weder Angebot noch Nachfrage im Laufe der Zeit fest bleiben, ist ein Preismechanismus wirksam, der immer wieder zum Gleichgewichtspreis führt. Die Nachfrage kann bei einem bestimmten Preis zunehmen, weil die Nachfrager mehr Einkommen haben oder erwarten, dass die Preise steigen. Im umgekehrten Fall sinkt die Nachfrage. Bei gleichbleibendem Güterangebot bewirkt eine Nachfrageerhöhung steigende Preise und eine Nachfragesenkung fallende Preise. Nimmt das Angebot zu, verschiebt sich die Angebotskurve nach rechts und umgekehrt. Bei gleichbleibender Nachfrage bewirkt eine Angebotserhöhung sinkende Preise und eine Angebotssenkung steigende Preise.

7.6.11
- Zahl der Anbieter: Mit zunehmender Zahl steigt das Gesamtangebot.
- Produktionskosten: Bei sinkenden Produktionskosten können mehr Unternehmen das Gut anbieten.
- Kapazitätsgrenzen: Bauen Unternehmen ihre Kapazitätsgrenzen aus, nimmt das Gesamtangebot zu.
- Stand der Technik: Bei steigendem technischen Niveau sinken üblicherweise die Produktionskosten.
- Preise anderer Güter: Steigen Preise bei anderen Gütern, könnten Unternehmen ihre Produktion auf diese umstellen. Dadurch sinkt die Zahl der Anbieter des „alten“ Produkts.

7.7 Lösungen Set 7

7.7.1 a) Besteht ein Angebotsüberhang (Nachfragedefizit), so spricht man von einem Käufermarkt. Die Anbieter konkurrieren untereinander und es finden laufend Preissenkungen statt. Besteht hingegen ein Nachfrageüberhang (Angebotsdefizit), spricht man von einem Verkäufermarkt. Die Nachfrager konkurrieren untereinander, was zu steigenden Preisen führt.

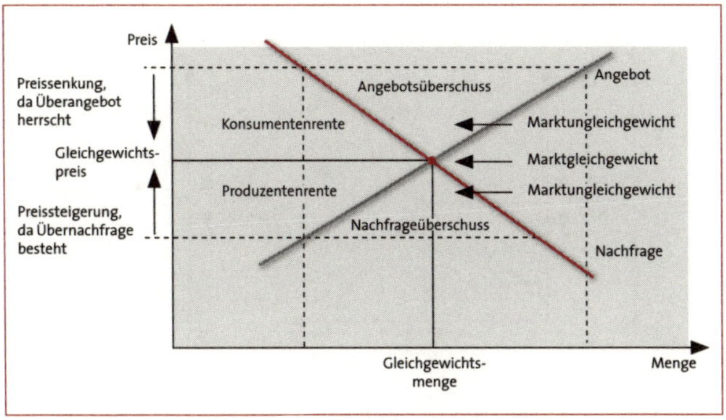

b) Die Konsumentenrente (Nettonutzen) stellt die Fläche dar, um die der Gesamtnutzen über den Ausgaben liegt. Die Konsumentenrente ergibt sich also immer als Fläche unterhalb der Nachfragekurve bis zur Preislinie. Die Änderungen in der Konsumentenrente werden herangezogen, um Wohlstandswirkungen von Politiken auf die Verbraucher abzubilden. Die Konsumentenrente ist der Betrag, der sich aus der Differenz zwischen dem Marktpreis eines Produktes (Gleichgewichtspreis aufgrund der Marktverhältnisse) und dem Preis ergibt, den die Konsumenten maximal dafür zu zahlen bereit wären (Reservationspreis).
Die Produzentenrente ist der Unterschied zwischen dem Preis, den der Verkäufer eines Gutes aufgrund seiner Kostenplanung mindestens erzielen möchte, und dem tatsächlich erhaltenen, höheren Marktpreis. Der Produzent hätte also ursprünglich seine Erzeugnisse auch zu einem geringeren Preis als dem Marktpreis verkauft (Reservationspreis = Preis, zu dem der Produzent sein Gut gerade noch anbieten würde), erzielt im Marktgleichgewicht nun aber einen höheren Erlös, als er vorausgeplant hatte.

7.7.2

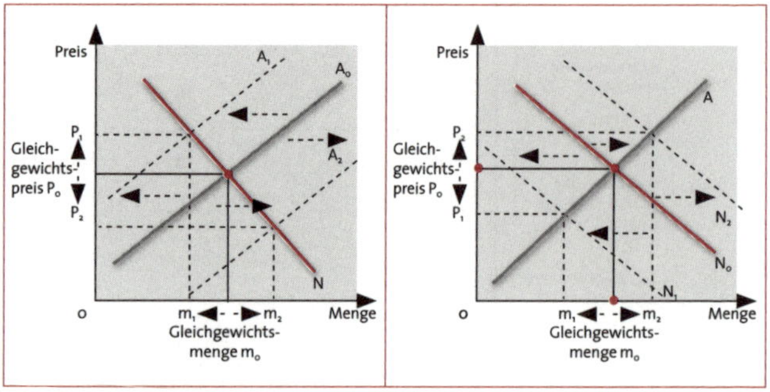

Verschiebung der Angebotskurve Verschiebung der Nachfragekurve

7.7.3 Auf dem vollkommenen Markt handeln alle Marktteilnehmer nach ökonomischen Prinzipien. Damit vollständige Konkurrenz herrscht, müssen folgende Prämissen erfüllt sein: Es sind genügend Anbieter und Nachfrager vorhanden, sodass keiner den Markt entscheidend beeinflussen kann (zweiseitiges Polypol). Anbieter und Nachfrager sprechen sich nicht untereinander ab mit dem Ziel der Marktbeeinflussung. Die Güter sind homogen. Ein Preis kann eindeutig einem Gut zugeordnet werden, da die Güter einer Gattung bezüglich Qualität, Aufmachung und Verpackung gleichartig sind. Es bestehen keine sachlichen Präferenzen. Der Markt ist für die Marktteilnehmer überschaubar (Markttransparenz). Der Markt ist ohne Behinderung zugänglich, es bestehen keine Marktzutrittsschranken. Es fehlen sachliche, zeitliche, räumliche oder persönliche Vorzüge jeglicher Art (Präferenzen der Marktteilnehmer). Die Anbieter streben nach maximalem Gewinn. Die Nachfrager streben nach maximalem Nutzen. Die Marktteilnehmer reagieren unendlich schnell. Anbieter und Nachfrager treffen sich am gleichen Ort zum gleichen Zeitpunkt.
Wertpapier- und Warenbörsen und der internationale Rohstoffmarkt kommen dem vollkommenen Markt am nächsten.

7.7.4 Marktform und Konsument

a) Bei der Einteilung der Märkte nach der Anzahl der Marktteilnehmer erhält man insgesamt neun verschiedene Marktformen. Die Preisbildung hängt davon ab, wie viele Marktteilnehmer auf der Angebots- und auf der Nachfrageseite auftreten.

Nachfrager / Anbieter	einer	wenige	viele
einer	zweiseitiges Monopol	beschränktes Angebots-monopol	Angebots-monopol
wenige	beschränktes Nachfrage-monopol	zweiseitiges Oligopol	Angebots-oligopol
viele	Nachfrage-monopol	Nachfrage-oligopol	zweiseitiges Polypol (vollst. Konkurrenz)

b) Treten viele Anbieter auf dem Markt auf (Angebotspolypol), besteht nur ein geringer Spielraum für Preiserhöhungen. Es herrscht starker Wettbewerb. Die Kosten werden optimiert und die Bedürfnisse der Kunden berücksichtigt. Dem Konsumenten wird eine große Auswahl geboten.

7.7.5 Es treten persönliche und sachliche Präferenzen auf. Die Nachfrager bevorzugen bestimmte Anbieter. Preisvergleiche gestalten sich aufgrund unterschiedlicher Qualitäten schwierig. Durch Werbung werden Präferenzen geschaffen.

7.7.6 Wenige Anbieter stehen einer Vielzahl von Nachfragern gegenüber. Der Markt ist überschaubar und die Anbieter können sich beobachten und beeinflussen. Es besteht ein großer Wettbewerb um die Marktanteile, da der Oligopolist nicht nur von den Nachfragern abhängt, sondern auch von den Maßnahmen seiner Konkurrenten. Das kann dazu führen, dass die Oligopolisten Preisabsprachen treffen, um einen Preiskampf zu vermeiden. Der Wettbewerb wird mehr über Produktdifferenzierung und Werbung geführt. Im vollkommenen Oligopol wird ein homogenes Gut angeboten. Da in homogenen Märkten ein einheitlicher Preis herrscht, verlöre ein Oligopolist alle Kunden, wenn er den Preis erhöhen würde. Umgekehrt würden alle Kunden bei ihm kaufen, wenn er den Preis senkte. Da die Konkurrenten aber darauf reagieren, ist das nicht der Fall. Es herrscht auf oligopolistischen Märkten relative Preisstarrheit, weil kooperatives Verhalten für alle von Vorteil ist. Sollte ein

Anbieter günstiger produzieren können als alle anderen, kann er versuchen, mit Niedrigpreisen die Konkurrenten zu verdrängen (Verdrängungswettbewerb). Die Kunden der verdrängten Anbieter kommen nun zu ihm und er kann seinen Preis wieder erhöhen.

7.7.7
- Signalfunktion (Informationsfunktion, Anreizfunktion): Die Preise informieren die Nachfrager über die Güter, die sie sich kaufen möchten oder auf die sie verzichten müssen. Der Preis signalisiert den Unternehmern durch sein Steigen, dass die Nachfrager das Gut vermehrt einkaufen. Da sich hierdurch die Gewinnchancen vergrößern, erhalten die Anbieter dadurch einen Anreiz, entweder in den Markt neu einzutreten oder die Produktion für dieses Gut zu erweitern. Die Signale über die Güterknappheit vermitteln den Anreiz, Materialien durch günstigere zu ersetzen, neue Rohstoffvorkommen zu erschließen oder ressourcensparende Produkte herzustellen.
- Ausgleichsfunktion (Ausschaltungsfunktion, Auslesefunktion): Die unterschiedlichen Interessen von Anbietern und Nachfragern kommen über den Preis zum Ausgleich. Im Gleichgewicht entspricht die angebotene Menge genau der nachgefragten Menge, sodass der Markt „abgeräumt" wird. Nicht konkurrenzfähige Anbieter werden vom Markt verdrängt, bis das Marktgleichgewicht wieder erreicht ist. Der Leistungswettbewerb zwingt den Unternehmer dazu, seine Kosten zu kontrollieren und so günstig wie möglich zu arbeiten. Durchsetzen kann sich nur der, der nicht mit überhöhten Kosten produziert. Auf der Nachfragerseite funktioniert es ähnlich. Nachfrager mit nicht genügend Kaufkraft nehmen nicht am Marktgeschehen teil, solange das Gleichgewicht nicht erreicht ist. Deshalb möchte der Nachfrager sein Einkommen erhöhen, um nicht verdrängt zu werden. Der Marktpreis ist ein Maßstab für die Knappheit der Güter. Durch hohe Preise kommen zusätzliche Anbieter auf den Markt und die Nachfrager, die nicht so viel Geld bezahlen wollen oder können, bleiben außen vor. Bei einem niedrigen Preis kommen zusätzliche Nachfrager auf den Markt und die Anbieter, die die niedrigeren Preise nicht halten können oder wollen, werden vom Markt verdrängt.

- Lenkungsfunktion (Allokationsfunktion, Informationsfunktion, Verteilungsfunktion): Der Preis zeigt die Knappheit eines Gutes an. Knappe Güter werden zu hohen Preisen angeboten und umgekehrt. Unternehmen werden veranlasst, in den Bereichen mit hohen Preisen tätig zu werden, sodass dort vermehrt Produktionsfaktoren zum Einsatz kommen. Die unterschiedliche Einkommenshöhe bringt die Anbieter dazu, tätig zu werden, um mehr Einkommen zu erhalten. Ebenso ist das bei den Konsumenten der Fall, die für höheres Einkommen mehr Leistungsbereitschaft zeigen. Zu bedenken ist, dass Wettbewerb nicht nur vom Preis abhängt, sondern auch von der Qualität der Güter, den Dienstleistungen, der Kundennähe, der Absatz- und Vertriebsorganisation, der Werbung usw.

7.7.8 Ein Höchstpreis wirkt nur, wenn er unter dem Gleichgewichtspreis liegt. Er soll die Verbraucher vor übermäßig hohen Preisen schützen. Es kommt zu einem Nachfrageüberhang (Verkäufermarkt), weil die Verkäufer zu dem relativ niedrigen Preis das Angebot einschränken.

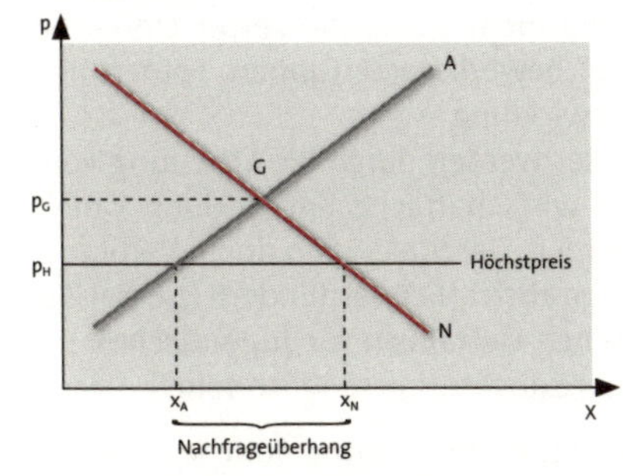

Mindestpreise liegen über dem Gleichgewichtspreis und sollen die Produzenten schützen. Es entsteht ein Angebotsüberhang (Käufermarkt), weil die Anbieter zu dem relativ hohen Preis ihr Angebot ausweiten. Der Staat muss mengenregulierende Maßnahmen ergreifen.

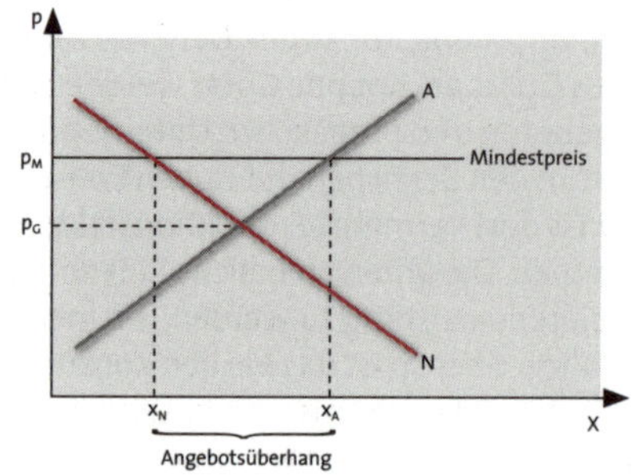

7.7.9 Auswirkungen von Subventionen und Steuern

a) Senkung des Marktpreises der subventionierten Güter, Stärkung strukturschwacher Betriebe oder Regionen (Gefahr: künstliches „Am-Leben-Erhalten“), produzierte Güter sollen auf dem Markt konkurrenzfähig werden, Schaffung oder Sicherung von Arbeitsplätzen, Verminderung/Verhinderung von Innovation (Unternehmen überleben durch Subventionen auch ohne Weiterentwicklung), durch die Benachteiligung nicht subventionierter Unternehmen kommt es zu Wettbewerbsverzerrungen, Förderung der Forschung und Entwicklung

b) Güter werden durch die Erhebung von Steuern teurer und die wirtschaftliche Entwicklung kann negativ beeinflusst werden. Der Staat kann durch Verbrauchssteuern die Nachfrage absichtlich vermindern (z.B. bei Zigaretten und alkoholischen Getränken für Jugendliche). Es muss aber Verzicht oder Substitution möglich sein

7.7.10

- Strukturpolitik (Vermeidung von Ungleichgewichten): Einkommensumverteilung, Subventionen, Förderung bestimmter Branchen, Finanzausgleich, Arbeitsmarktregelungen
- Ordnungspolitik (Schaffung rechtlicher Rahmenbedingungen): Arbeitsrecht, Preis- und Mengenvorschriften, Wettbewerbsrecht
- Konjunktur-/Prozesspolitik (Steuerung des Wirtschaftsprozesses): Geldpolitik, Außenwirtschaftspolitik, Fiskalpolitik

8 Geld und Kredit, Währung, Zahlungsbilanz

- Geldbegriff
- Geldarten
- Geldfunktionen
- Geldschöpfung
- Geldmenge
- Binnenwert
- Preisindex
- Real- und Nominaleinkommen
- Wechselkurse
- Kaufkraftveränderung
- Inflation
- Deflation

8.1 Übungsaufgaben Set 1

8.1.1 Erläutern Sie
a) was man unter einer Zahlungsbilanz versteht.
b) warum eine Zahlungsbilanz formal immer ausgeglichen sein muss.

8.1.2 Beschreiben Sie, was der Preisindex angibt.

8.1.3 Stellen Sie dar, was man unter Bandbreite bezogen auf Wechselkurse versteht.

8.1.4 Auf dem Devisenmarkt ergibt sich der Gleichgewichtswechselkurs durch Angebot und Nachfrage.

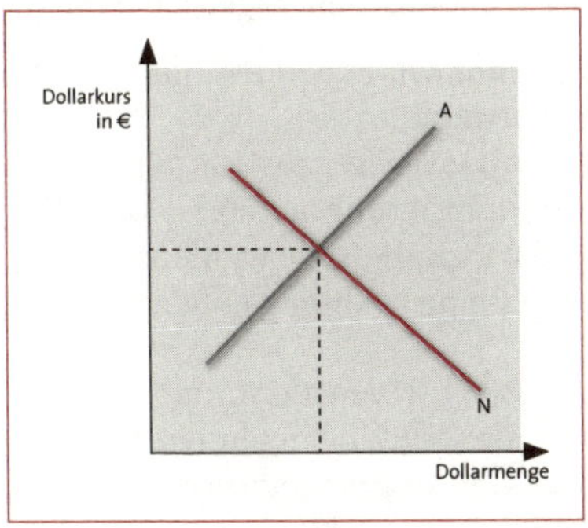

a) Beurteilen Sie, wie sich ein Exportüberschuss in der nebenstehenden Grafik auswirkt.
b) Nennen Sie drei Faktoren, die den Wechselkurs beeinflussen können.

8.1.5 Bestimmen Sie, welche wirtschaftlichen Folgen sich bei einem Exportüberschuss für den deutschen Binnenmarkt ergeben können.

8.1.6 Legen Sie dar, welche Auswirkungen Änderungen des Wechselkurses auf die Importindustrie haben.

8.1.7 Beschreiben Sie, wie ein positiver Außenbeitrag entsteht.

8.1.8 Ein Warenkorb besteht aus drei Gütern mit nachstehend aufgeführter Gewichtung.

Gut	Gewichtung	Preis in € im Basisjahr	Preis in € im Berichtsjahr
1	2	25,00	28,00
2	3	38,00	35,00
3	3	5,00	8,00

a) Berechnen Sie den Wert des Warenkorbes im Basisjahr.
b) Ermitteln Sie den Preisindex im Berichtsjahr.

8.1.9 Erklären Sie den Begriff „staatsinduzierte Inflation" (Fiskalinflation).

8.2 Übungsaufgaben Set 2

8.2.1 a) Schildern Sie die Vorgänge bei Auftreten einer Inflation.
b) Bestimmen Sie, auf welche Arten eine Inflation entstehen kann.
c) Erarbeiten Sie die ökonomischen Folgen einer Inflation.

8.2.2 Es ist eine Zahlungsbilanz mit folgenden Transaktionen zu erstellen (GE = Geldeinheiten):

1. Export von Waren in das Devisenausland gegen Zahlung mit Schecks, die auf Fremdwährung lauten: 64 Mrd. GE
2. Die Devisen aus den Exporterlösen werden teilweise bei der Zentralbank gegen Binnenwährung eingetauscht: 57,6 Mrd. GE
3. Einnahme von Devisen für Dienstleistungen: 24 Mrd. GE
4. Teilweise werden die Deviseneinnahmen bei der Zentralbank gegen Binnenwährung eingetauscht: 20,8 Mrd. GE
5. Import von Waren gegen Zahlung mit Schecks, die auf Fremdwährung lauten: 80 Mrd. GE
6. Kauf von erforderlichen Devisen bei der Zentralbank: 73,6 Mrd. GE

7. Zahlung von Devisen für Dienstleistungen: 16 Mrd. GE
8. Warenimport gegen langfristigen Kredit: 24 Mrd. GE
9. Warenexport gegen langfristigen Kredit: 22,4 Mrd. GE
10. Beitragszahlungen an die UN über die Zentralbank: 6,4 Mrd. GE
11. Langfristige Entwicklungshilfekredite in Devisen über die Zentralbank: 9,6 Mrd. GE
12. Inländer beziehen aus dem Ausland Zinsen, Dividenden und Arbeitseinkommen: 3,2 Mrd. GE
13. Ausländer beziehen aus dem Inland Zinsen, Dividenden und Arbeitseinkommen: 4,8 Mrd. GE

8.2.3 Die Abbildung soll schematisch den Devisenmarkt darstellen.

a) Die Achsen und die Funktionen sind zu bezeichnen.
b) Erläutern Sie, woher das Devisenangebot stammt.
c) Begründen Sie den Verlauf der Devisenangebotsfunktion.
d) Beschreiben Sie, woher die Devisennachfrage stammt.
e) Nehmen Sie Stellung zum Verlauf der Devisennachfragefunktion.

8.2.4 Es wird angenommen, dass auf dem Devisenmarkt eine Rechtsverschiebung der Devisennachfragefunktion stattgefunden hat. Die Situation ist in folgender Abbildung dargestellt:

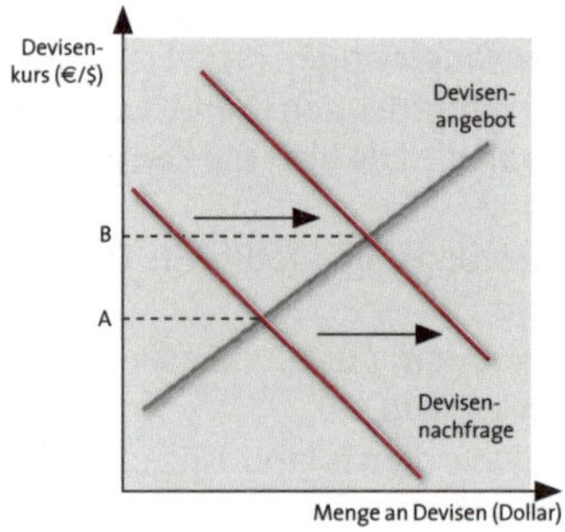

Das Ausgangsgleichgewicht wird mit dem Punkt A bezeichnet.

a) Erklären Sie, was die Zunahme der Devisennachfrage veranlasst haben kann.

b) Führen Sie aus, wie sich diese Verschiebung der Devisennachfrage bei flexiblen und bei festen Wechselkursen auswirkt.

8.2.5 Gehen Sie auf die Probleme ein, die bei der Messung der Inflationsrate mithilfe von Preisindizes entstehen können.

8.2.6 Aus folgenden Vorgängen soll ausgewählt werden, was zur Entstehung einer Inflation beiträgt:

a) Rückgang der Investitionsgüternachfrage bei gleichbleibendem Angebot

b) Der Staat erhöht seine Nachfrage in großem Ausmaß bei gleichbleibendem Angebot.

c) Rückgang der Konsumgüternachfrage bei gleichbleibendem Angebot

d) Die Unternehmen führen Lohnerhöhungen durch, die unter dem Produktivitätszuwachs liegen.

8.2.7 Bestimmen Sie, welcher der folgenden Vorgänge in der Dienstleistungsbilanz erfasst wird.

a) Kapitalanlagen im Ausland

b) Urlaubsreisen ins Ausland

c) Zahlungen an internationale Organisationen

d) Warenexporte

e) Überweisungen ausländischer Arbeitnehmer in ihre Heimat

8.2.8 Schildern Sie die in folgender Abbildung dargestellte Situation:

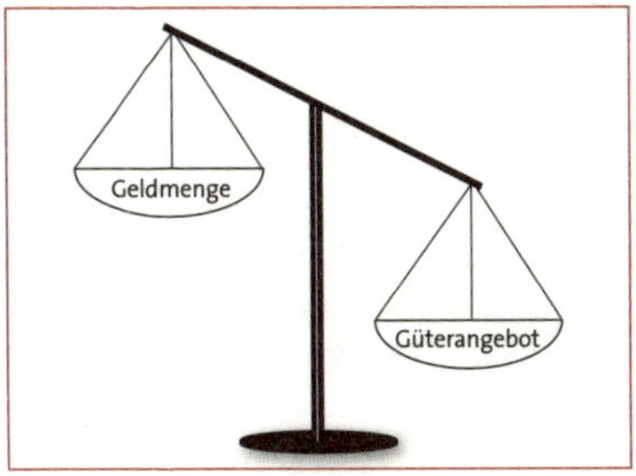

8.2.9 Entscheiden Sie, wie sich beim Floating der Devisenkurs entwickelt,

a) wenn die Devisennachfrage bei gleichbleibendem Devisenangebot abnimmt.

b) wenn das Devisenangebot bei gleichbleibender Devisennachfrage zunimmt.

8.3 Übungsaufgaben Set 3

8.3.1 Gegeben sind eine Geldmenge von 25.000 Geldeinheiten, eine Umlaufgeschwindigkeit von 2 und ein Handelsvolumen von 10.000 Gütereinheiten.

a) Berechnen Sie den Preis für eine Gütereinheit.

b) Die Geldmenge soll bei gleichbleibender Umlaufgeschwindigkeit um 50 % und das Handelsvolumen um 30 % steigen. Ermitteln Sie, um wie viel Prozent sich das Preisniveau verändert.

c) Erläutern Sie, wie sich die Kaufkraft des Geldes verändert.

8.3.2 Charakterisieren Sie, wie die Systeme freier und fester Wechselkurse funktionieren. Welche Vor- und Nachteile treten jeweils auf?

8.3.3 Entscheiden Sie, welche Maßnahmen sich nicht zur Dämpfung einer Inflation eignen.

8.3.4 Erklären Sie, wie sich die Kaufkraft entwickelt hat, wenn folgende Situation vorliegt: Der Preisindex für die Lebenshaltung steigt in 10 Jahren von 100 auf 200.

8.3.5 Bestimmen Sie, was an der Entwicklung der Geldmenge M1 abgelesen werden kann.

8.3.6 Eine Geschäftsbank besitzt eine Überschussreserve von 1 Mio. €. Der Mindestreservesatz beträgt 5 %. Berechnen Sie, wie viel Euro das Bankensystem aufgrund dieser Überschussreserve maximal schöpfen kann.

8.3.7 Gegeben sind folgende Daten (Basis ist Jahr 1 = 100 %):

Jahr	Preisindex für die Lebenshaltung	Entwicklung der Durchschnittseinkommen
1	100	100
2	103	104
3	108	110
4	106	107
5	110	115

a) Berechnen Sie die Inflationsraten für die Jahre 2 bis 5.
b) Ermitteln Sie die Nominallohnsteigerungen in Prozent für die Jahre 2 bis 5.
c) Geben Sie an, um wie viel Prozent die Reallöhne im Jahr 5 höher sind als im Jahr 1.

8.3.8 Die Kaufkraft des Geldes steigt in einer Volkswirtschaft um ein Fünftel. Berechnen Sie, um wie viel Prozent sich der Preisindex in demselben Zeitraum verändert hat, wenn die Nominallöhne unverändert geblieben sind.

8.3.9 Beschreiben Sie, auf welchen Grundlagen der Preisindex für die Lebenshaltung berechnet wird.

8.4 Übungsaufgaben Set 4

8.4.1 Es soll der Lebenshaltungskostenindex berechnet werden: Im Jahr 1 betrug der Preisindex 102,3, im zweiten Jahr 104,1. Ermitteln Sie, wie hoch die Veränderung der Lebenshaltung im Jahr 2 gegenüber Jahr 1 in Prozent war.

8.4.2 Gegeben sind die Preisindizes für Jahr 1 und 2. Zu berechnen ist die Kaufkraftänderung von Jahr 2 im Vergleich zu Jahr 1. Preisindex im Juni im Jahr 1: 104,5, Preisindex im Juni im Jahr 2: 108,2.

8.4.3 Das Jahreseinkommen eines Arbeitnehmers betrug im laufenden Jahr 40.000 € brutto. Damit war es um 10 % höher als im Vorjahr. Der Preisindex für die Lebenshaltung stieg im gleichen Zeitraum um 15 %.
a) Berechnen Sie das Bruttogehalt im Vorjahr.
b) Ermitteln Sie, um wie viel das Bruttogehalt hätte ansteigen müssen, damit der Arbeitnehmer nicht von der Inflation betroffen wäre.

8.4.4 Beschreiben Sie die Funktionen des Geldes.

8.4.5 Überlegen Sie
a) welche Arten von Geld heute verwendet werden.
b) wie sich das Zentralbankgeld zusammensetzt.

8.4.6 Erläutern Sie
a) die primäre Geldschöpfung und deren Umkehrung.
b) den sekundären Geldschöpfungsprozess.

8.4.7 Beschreiben Sie
a) den „multiplen Giralgeldschöpfungsprozess" und erarbeiten Sie dazu ein konkretes Beispiel;
b) wie sich der Geldschöpfungsmultiplikator errechnet und
c) nennen Sie Faktoren, von denen die Geldschöpfung abhängt.

8.4.8 Führen Sie aus, wie sich die Geldmengen M1, M2 und M3 zusammensetzen.

8.4.9 Erläutern Sie
a) den Geldwert und wovon er abhängt.
b) die Begriffe „Warenkorb", „Kaufkraft" und „Preisindex" sowie deren Zusammenhänge.

8.5 Übungsaufgaben Set 5

8.5.1 Beschreiben Sie die Aussage der Fisher'schen Verkehrsgleichung.

8.5.2 Erläutern Sie das Trägheitsmoment der Inflation.

8.5.3 Erläutern Sie die Lohn-Preis-Spirale und die Preis-Lohn-Spirale.

8.5.4 Erläutern Sie den Zusammenhang von nominalem und realem Bruttonationaleinkommen.

8.5.5 Kennzeichnen Sie das Wesen einer Deflation.

8.5.6 Unterscheiden Sie aktive und passive Handelsbilanz.

8.5.7 Erläutern Sie Floating in Bezug auf Wechselkurse.

8.5.8 Charakterisieren Sie eine Stagflation.

8.1 Lösungen Set 1

8.1.1 Zahlungsbilanz

a) Eine Zahlungsbilanz ist die systematische Aufstellung aller wirtschaftlichen Transaktionen innerhalb einer Wirtschaftsperiode zwischen Inländern und Ausländern.

b) Da alle Transaktionen zweimal gebucht werden, muss die Zahlungsbilanz immer ausgeglichen sein (doppelte Buchführung, Buchung und Gegenbuchung).

8.1.2 Der Preisindex ist eine Messzahl. Man wählt ein Jahr als Basisjahr und setzt es mit 100 Punkten an. Der Preisindex gibt die Veränderung des Preisniveaus in einem Berichtsjahr gegenüber dem Basisjahr an.

8.1.3 Die Bandbreite ist die Spanne in einem System mit festen Wechselkursen, innerhalb derer die Wechselkurse um den festgelegten Kurs (Parität) frei schwanken können.

8.1.4 Gleichgewichtswechselkurs

a) Da bei einem Exportüberschuss die angebotene Dollarmenge steigt, sinkt der Dollarkurs. Die Angebotskurve verschiebt sich nach rechts.

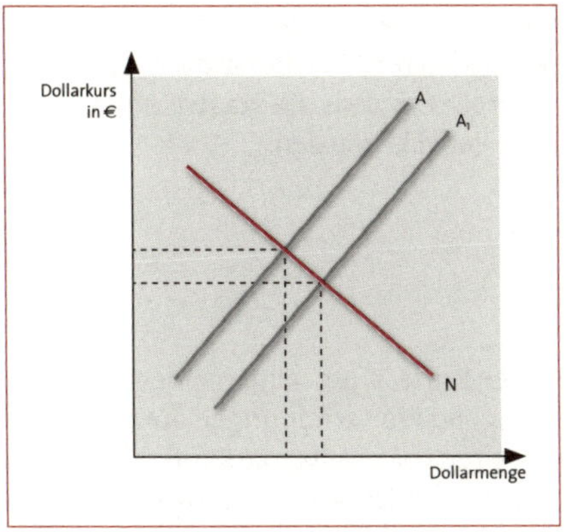

b) Kursspekulationen, unterschiedliche Inflationsraten, politische Lage, Wirtschaftswachstum, unterschiedliche Zinsniveaus

8.1.5 Die binnenwirtschaftliche Preisstabilität kann durch das Sinken des Dollarkurses gefährdet werden, da eine importierte Inflation entstehen kann.

8.1.6 Eine Kurssenkung der Auslandswährung hat eine Aufwertung des Euro zur Folge, sodass für die Inländer die Auslandsgüter preiswerter werden. Dadurch wird die Importmenge größer. Das Ziel der Vollbeschäftigung ist gefährdet. Umgekehrt wird durch eine Kurssteigerung der Auslandswährung der Euro abgewertet, sodass für Inländer die Auslandsgüter teurer werden. Die Importmenge geht zurück.

8.1.7 Der Außenbeitrag ist die Differenz zwischen den Exporten und den Importen. Man spricht von einem positiven Außenbeitrag, wenn die Exporte höher sind als die Importe.

8.1.8 Warenkorb und Preisindex

a) 2 • 25 € + 3 • 38 € + 3 • 5 € = 179 €

b) Der Wert des Warenkorbes im Basisjahr mit 179 € entspricht 100 %. Der Wert des Warenkorbes im Berichtsjahr beläuft sich auf 185 € (2 • 28 € + 3 • 35 € + 3 • 8 €). Die 185 € entsprechen 103,35 % bezogen auf die 179 € im Basisjahr. Damit ist der Preisindex 103,35.

8.1.9 Es handelt sich um eine vom Staat ausgehende Störung des Güter-Geld-Gleichgewichts. Die Inflation entsteht, wenn die Staatsausgaben größer sind als die Staatseinnahmen und über Kreditaufnahmen gedeckt werden.

8.2 Lösungen Set 2

8.2.1 Inflation

a) Inflation ist der Prozess der allgemeinen Preissteigerung. Treten überwiegend Preiserhöhungen auf und Preissenkungen kommen selten vor, so sinkt die Kaufkraft des Geldes und es kommt zu einer Geldentwertung. Nach der Geschwindigkeit der Geldentwertung unterscheidet man schleichende Inflation, trabende Inflation und galoppierende Inflation. Es gibt auch noch die Hyperinflation, wenn die Preissteigerungsrate über 50 % liegt. Weiterhin unterscheidet man nach der Erkennbarkeit der Geldentwertung die offene Inflation, bei der die Preissteigerungen nach außen erkennbar sind, und die versteckte Inflation, wo ein staatlicher Preisstopp die Steigerung zurückhält.

b) Ursachen: Ein Grund für Inflation ist eine überhöhte Nachfrage im Verhältnis zum Güterangebot (nachfrageinduzierte Inflation). Den Nachfrageüberhang bezeichnet man als inflatorische Lücke. Die Nachfrage kann nur steigen, wenn sich die nachfragewirksame Geldmenge erhöht. Haushalte können dazu z.B. höhere Kredite aufnehmen oder die Einkommensverwendung verschiebt sich zu Lasten des Sparens (Konsuminflation). Es wird mehr konsumiert und weniger gespart. Eine vermehrte Nachfrage kann auch vom Staat ausgehen (Staatsinflation), von Unternehmen (Investitionsinflation) oder vom Ausland. Man spricht von importierter Inflation, wenn die Exporte die Importe übersteigen.
Eine zweite Ursache für Inflation ist die angebotsinduzierte Inflation, wobei sich die Kosten über den Produktivitätszuwachs hinaus erhöhen oder überhöhte Gewinne durchgesetzt werden. Hier geht die Inflation von der Angebotsseite aus. Man spricht von Kosteninflation (auch Kostendruckinflation), wenn Kostensteigerungen durch Preiserhöhungen

ausgeglichen werden. Die Unternehmer überwälzen steigende Produktionskosten auf die Angebotspreise. Man spricht von Gewinninflation, wenn durch die Preissteigerung erhöhter Gewinn durchgesetzt wird. Dies setzt allerdings eine gewisse Marktmacht voraus. Steigt der Marktpreis aufgrund erhöhter indirekter Steuern, spricht man von Steuerinflation.

c) Folgen: Inflation kann zu Wachstums- und Wohlstandsverlusten führen. Es kommt zur Fehlallokation der Produktionsfaktoren. Da sich die Güterpreise erhöhen und die Einkommen gleich bleiben, führt es zu Kaufkraftverlust und somit zu Einkommensverlusten. Eine weitere Folge sind Zinsverluste, da die Zinszahlungen durch die Inflation entwertet werden. Das Gleiche tritt bei Geldvermögen ein. Da es durch die Inflation an Wert verliert, kommt es zu Vermögensverlusten. Es kann zu einer Flucht in die Sachwerte kommen.

8.2.2

ZAHLUNGSBILANZ

	Aktivseite										Passivseite					
	I. Leistungsbilanz								II. Vermögensübertragungen		III. Kapitalbilanz		IV. Veränderungen der Währungsreserven		V. Saldo der statistisch nicht aufgegliederten Transaktionen (Restposten)	
	Außenhandel		Dienstleistungen		Erwerbs- und Vermögenseinkommen		Laufende Übertragungen									
Nr.	Export	Import	Einnahmen	Ausgaben	Einnahmen	Ausgaben	Einnahmen	Ausgaben	Einnahmen	Ausgaben	Ausgaben	Einnahmen	Ausgaben	Einnahmen	Einnahmenkorrektur	Ausgabenkorrektur
1	64											64				
2											57,6			57,6		
3			24									24				
4											20,8			20,8		
5		80									80					
6												73,6	73,6			
7				16							16					
8		24									24					
9	22,4											22,4				
10								6,4					6,4			
11								9,6					9,6			
12					3,2							3,2				
13						4,8					4,8					
Summen	86,4	104	24	16	3,2	4,8	-	16	-	-	203,2	182,7	89,6	78,4	-	-
Salden	17,6			8	1,6		16					16		11,2		
	104	104	24	24	4,8	4,8	16	16	-	-	203,2	203,2	89,6	89,6	-	-

8.2.3

a)

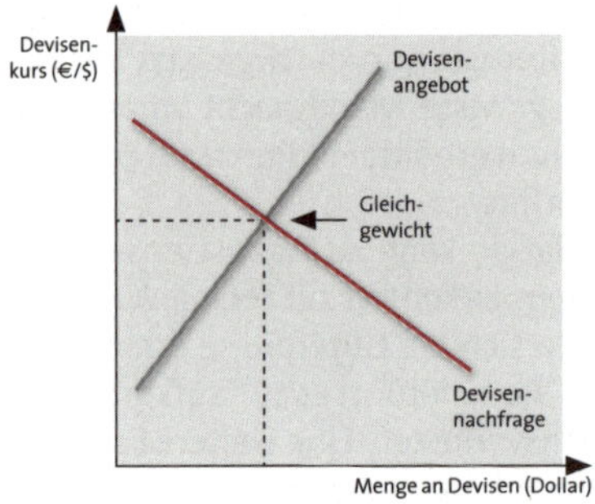

b) Das Devisenangebot stammt aus den Exporten sowie dem Kapitalimport.

c) Die Devisenangebotskurve verläuft hier steigend, da die Exporte bei einem höheren Wechselkurs steigen. Steigt der Wechselkurs des Euro, sinkt gleichzeitig der Preis der inländischen Exportgüter für die Ausländer.

d) Die Devisennachfrage stammt aus den Importen sowie dem Kapitalexport.

e) Die Devisennachfragekurve verläuft hier fallend, da die Importe bei steigendem Wechselkurs für den Euro weniger werden. Es steigt der Preis, den die Inländer für ausländische Güter zahlen müssen. Der Euro wird also abgewertet.

8.2.4 Verschiebung der Devisennachfrage

a) Es könnten die Güterimporte zugenommen haben. Dies ist der Fall, wenn z.B. das inländische Einkommen steigt, das inländische Preisniveau zunimmt oder das ausländische Preisniveau abnimmt. Es könnte aber auch sein, dass die Kapitalexporte zugenommen haben, weil sich die Zinsdifferenz zwischen dem Inland und dem Ausland zugunsten des Auslandes entwickelt hat. Der inländische Zins ist gesunken und/oder der ausländische Zins gestiegen.

b) Der Wechselkurs würde bei einem flexiblen Wechselkurs von A auf B steigen. Es käme zu einer Abwertung des Euro gegenüber dem Dollar. Bei einem festen Wechselkurs bleibt der

Wechselkurs bei A. Die Übernachfrage nach Devisen muss die Zentralbank ausgleichen.

8.2.5 Die Preisentwicklung ist unterschiedlich, je nachdem, welche Güter in den Warenkorb einbezogen werden. Bei bestimmten Gütern können die Preiserhöhungen auch aus Qualitätsverbesserungen resultieren. Neue Güter kommen auf den Markt und alte Güter werden nicht mehr produziert. Die neuen Güter können jedoch im Durchschnitt billiger sein als die alten. Es gibt auch noch ein Preisproblem, da ein Gut oft nicht einen Preis, sondern unterschiedliche Preise hat (Bruttopreise, Listenpreise, Sonderpreise).

8.2.6 Eine Inflation kann dadurch entstehen, dass der Staat seine Nachfrage bei gleichbleibendem Angebot stark erhöht.

8.2.7 Urlaubsreisen ins Ausland werden in der Dienstleistungsbilanz erfasst.

8.2.8 Es ist die Situation der Deflation dargestellt. Die Preise sinken und die Kaufkraft steigt. Die nachfragewirksame Geldmenge ist kleiner als die angebotene Gütermenge.

8.2.9 Devisenkurs und Floating
a) Der Kurs sinkt. b) Der Kurs sinkt.

8.3 Lösungen Set 3

8.3.1 a) $\frac{25.000 \text{ Geldeinheiten} \cdot 2}{10.000 \text{ Gütereinheiten}} = 5 \text{ Geldeinheiten pro Gütereinheit}$

b) $\frac{37.500 \text{ Geldeinheiten} \cdot 2}{13.000 \text{ Gütereinheiten}} = 5{,}77 \text{ Geldeinheiten pro Gütereinheit}$

Es erfolgt eine Steigerung von 5 Geldeinheiten pro Gütereinheit auf 5,77 Geldeinheiten pro Gütereinheit. Das entspricht einer Preissteigerung von 15,4 %.

c) Die Kaufkraft des Geldes sinkt, weil für das gleiche Gut mehr bezahlt werden muss.

8.3.2 Freie Wechselkurse bilden sich durch Angebot und Nachfrage auf den Devisenmärkten. Es besteht keine Interventionspflicht

der Notenbanken. Längerfristig zeigt sich die wirkliche Stärke oder Schwäche einer Währung. Ein weiterer Vorteil ist, dass die Inlandsgeldmenge nicht durch Interventionen beeinflusst wird. Ein Nachteil können starke Wechselkursschwankungen sein, die sich nachteilig auf den Außenhandel auswirken.
Bei festen Wechselkursen schwanken die Wechselkurse nach Vereinbarung zwischen den beteiligten Notenbanken innerhalb einer bestimmten Bandbreite um die Parität. Werden die Interventionspunkte über- oder unterschritten, greifen die Notenbanken ein. Die geringe Schwankungsbreite wirkt sich vorteilhaft auf den Außenhandel aus. Es wird wenig Anreiz zu Spekulationen geboten. Nachteilig ist, dass sich die tatsächlichen Kaufkraftverhältnisse nur mit großer zeitlicher Verzögerung und nur bei Zustimmung der beteiligten Länder anpassen. Durch den Zwang zu Interventionen wird Einfluss auf die inländische Geldmenge genommen. Die Verrechnung von Lieferungen und Leistungen erfolgt über die von Regierungen festgelegten Verrechnungseinheiten. Der Wechselkurs entspricht meist nicht den Marktverhältnissen. Ausländische Exporteure wollen häufig nicht gegen diese Währung verkaufen. Länder mit festen Wechselkursen müssen deshalb knappe Devisen bewirtschaften (Devisenbewirtschaftung). Devisen für Importe werden auf Antrag zugeteilt, wie es in einigen Staaten Afrikas der Fall ist.

8.3.3 Z.B. erhöhte Staatsausgaben, Subventionen für den Wohnungsbau, Senkung der Einkommensteuer, Erhöhung der staatlichen Kreditaufnahme.

8.3.4 Die Kaufkraft ist gesunken. Eine Verdoppelung der Preise bedeutet eine Halbierung der Kaufkraft. Der Kaufkraftverlust beträgt 50 %.

8.3.5 M1 ist die Geldmenge, die im Nichtbankensektor kurzfristig für Konsum oder für Investitionen zur Verfügung steht. Ist bei M1 ein steigender Trend zu verzeichnen, muss mit einer Beschleunigung der inflationären Entwicklung gerechnet werden. M1 übernimmt die Rolle eines Frühindikators für die Entwicklung des Preisindex.

8.3.6 Der Geldschöpfungsmultiplikator ist der reziproke Mindestreservesatz. 5 % entspricht einem Zwanzigstel, d.h. also 20.

Die Überschussreserve beträgt 20 Mio. € (1 Mio. € · 20 = 20 Mio. €).

8.3.7 a)

Jahr	Rechenweg	Preisindex	Inflationsrate (Basis Vorjahr)
2	103 : 100 • 100	103	3 %
3	108 : 103 • 100	104,85	4,85 %
4	106 : 108 • 100	98,15	−1,85 %
5	110 : 106 • 100	103,77	3,77 %

b)

Jahr	Rechenweg	Nominallohn-steigerung	Nominallohn-steigerung (Basis Vorjahr)
2	104 : 100 • 100	104	4 %
3	110 : 104 • 100	105,77	5,77 %
4	107 : 110 • 100	97,27	− 2,73 %
5	115 : 107 • 100	107,48	7,48 %

c) Die Realeinkommen sind um 4,55 % gestiegen.

$$\text{Reallohnindex} = \frac{\text{Nominallohnindex} \cdot 100}{\text{Preisindex}} = \frac{115 \cdot 100}{110} = 104{,}55$$

8.3.8 Der Preisindex ist um 16,67 % gefallen.
100 % Kaufkraft + 1/5 = 120 %

$$\frac{100 \cdot 100}{120} = 33{,}33\,\% \text{ korrespondierender Preisindex}$$

Basis 100 % – 83,33 % = 16,67 %

8.3.9 Es wird eine konstante Verbrauchsstruktur durch einen Warenkorb zugrunde gelegt und ein Basisjahr festgelegt, auf das sich die Indizes beziehen. In allen Gemeindegrößen werden in Haushalten aus allen Schichten der Bevölkerung ständig Daten erhoben. Die Daten werden monatlich erfasst und berechnet.

8.4 Lösungen Set 4

8.4.1 Die Lebenshaltungskosten sind um 1,76 % gestiegen.

$$\frac{\text{neuer Preisindex}}{\text{alter Preisindex}} \cdot 100 - 100 = \frac{104{,}1}{102{,}3} \cdot 100 - 100 = 1{,}76\,\%$$

8.4.2 Die Kaufkraft ist im Juni des Jahres 2 um 3,42 % gegenüber Juni im Jahr 1 gefallen.

$$\frac{\text{alter Preisindex}}{\text{neuer Preisindex}} \cdot 100 - 100 = \frac{104{,}5}{108{,}2} \cdot 100 - 100 = -3{,}42\,\%$$

8.4.3 a) Das Bruttogehalt im Vorjahr betrug 36.363,64 €.
40.000 € entsprechen 110 %.
36.363,64 € entsprechen 100 %.

$$\frac{40.000\,€}{110} \cdot 100 = 36.363{,}64\,€$$

b) Das Bruttogehalt hätte um die Höhe der Preissteigerungsrate von 15 % auf 41.818,18 € ansteigen müssen, d.h. um 5.454,55 € (15 % von 36.363,64 € = 5.454,55 €).

8.4.4 Geldfunktionen:
- Tauschmittel (Geld gegen Güter)
- Recheneinheit (Vergleichbarkeit von Vermögen)
- Wertaufbewahrungsmittel (Sparen für spätere Verwendung)

8.4.5 Geldarten

a) Zum Bargeld zählen Banknoten (Papiergeld) und Scheidemünzen (Münzgeld). Banknoten sind das einzige unbeschränkte gesetzliche Zahlungsmittel im Eurowährungsraum. Sie müssen in unbegrenzter Höhe angenommen werden. Die Mitgliedsstaaten haben das Recht, auf Euro oder Cent lautende Scheidemünzen zu prägen. Der Volkswirtschaft wird von der Zentralbank aus Buchgeld zur Verfügung gestellt. Das sind Sichtguthaben (Sichteinlagen), die sowohl von den Geschäftsbanken als auch von den Nichtbanken bei der Zentralbank gehalten werden.

b) Das Zentralbankgeld setzt sich zusammen aus der Summe aus Bargeld (Münzen und Banknoten) und Buchgeld bei den

Zentralbanken (Sichtguthaben bei der Europäischen Zentralbank).

8.4.6 Geldschöpfung

a) Die Zentralbank gibt den Geschäftsbanken Münz-, Noten- oder Buchgeld gegen Ankauf von Wertpapieren, Gold oder Devisen und Vergabe von Krediten. Geld kommt in Umlauf (primäre Geldschöpfung). Dadurch und durch die Umkehrung der Vorgänge kann die Zentralbank die Menge des umlaufenden Geldes beeinflussen.

b) Geschäftsbanken vermehren die primär geschaffene Geldmenge durch Kreditvergabe. Einlagen von Kunden werden als Kredite für andere Kunden verwendet. Einlagen dürfen nicht in voller Höhe zur Kreditvergabe genutzt werden.

8.4.7 Geldschöpfungsprozesse

a) Üblicherweise verfügen Kunden von Kreditinstituten nur über einen Teil ihrer Einlagen als Bargeld. Der größte Teil der Einlagen muss also nicht von den Banken als Kassenreserve für Barauszahlungen gehalten werden. Entsprechend können die Banken diese Liquiditätsüberschüsse als Kredite an andere Kunden vergeben. Begleichen diese Kunden nun Rechnungen mit ihren (Buch-)Krediten per Überweisung, entsteht beim Kreditinstitut des Empfängers eine neue Einlage, die wiederum zur Erzeugung von neuem Giralgeld eingesetzt werden kann.

Beispiel

Frau Ast legt 10.000 € bei ihrer Bank A an. Liegt der Kassenreservesatz (Mindestreserve und Liquiditätsreserve zusammen) bei 10 %, kann Bank A Frau Beil 9.000 € Kredit gewähren. Frau Beil kauft sich ein Gartenhäuschen und überweist auf das Konto des Baumarktes Holzer bei Bank B. Die Bank B hält wieder 10 % zurück und vergibt 8.100 € an Frau Cäcilia, die sich mehrere Schmuckstücke kauft und auf das Konto des Juweliers Goldie bei Bank C überweist. Zu der Einlage bei der A-Bank über 10.000 € sind Einlagen bei der B-Bank über 9.000 € und bei der C-Bank über 8.100 € hinzugekommen.

Bank	Sichteinlage	Kassenreserve 10 %	Neue Kreditgewährung
Bank A	10.000 €	1.000 €	9.000 € an Frau Beil
Bank B	9.000 €	900 €	8.100 € an Frau Cäcilia
Bank C	8.100 €	810 €	7.290 € an ... usw.
Usw.			

Sekundärer Geldschöpfungsprozess

b) Theoretisch kann der Geldschöpfungsprozess weiterlaufen, bis der ursprüngliche Geldbetrag durch den Abzug der Kassenreserve aufgebraucht ist. Aus den ursprünglichen 10.000 € entstehen: 10.000 € + 9.000 € + 8.100 € + 7.290 € + ... = 100.000 €. Der anfängliche Geldbetrag hat sich verzehnfacht.
Berechnung des Geldschöpfungsmultiplikators:

$$\text{Geldschöpfungsmultiplikator} = \frac{1}{\text{Kassenreservesatz}}$$

Kassenreservesatz = 10 % = 0,1 → Geldschöpfungsmultiplikator = 1/0,1 = 10
Kassenreservesatz = 20 % = 0,2 → Geldschöpfungsmultiplikator = 1/0,2 = 5

c) Faktoren, von denen die Geldschöpfung abhängt:
- Kreditnachfrage
- freie Zentralbankgeldmenge
- Mindestreservesätze der Zentralbank
- Liquiditätsreserven der Geschäftsbanken
- Barabflüsse

8.4.8 Geldmenge:
- Geldmenge M1: Der Nichtbankensektor verfügt über Bargeld (Münzen und Banknoten) und über Sichtguthaben bei den Geschäftsbanken. Die Summe wird als Geldmenge M1 bezeichnet. Die Zahlungsmittel im Bankensektor zählen nicht dazu. Die Geldmenge M1 dient dem Tauschverkehr im Wirtschaftsprozess.

M1 = Bargeldumlauf + täglich fällige Einlagen (Sichteinlagen)

- Geldmenge M2: Zählt man zur Geldmenge M1 die kurzfristigen Einlagen (vereinbarte Laufzeit von bis zu zwei Jahren und Einlagen mit vereinbarter Kündigungsfrist bis zu drei Monaten) hinzu, ergibt sich die Geldmenge M2.
  M2 = M1 + Einlagen mit vereinbarter Laufzeit von bis zu zwei Jahren (Termineinlagen) + Einlagen mit einer vereinbarten Kündigungsfrist von bis zu drei Monaten (Spareinlagen)
- Geldmenge M3: Die Geldmenge M3 ist weit gefasst. Sie wird als Bezugswert für das vereinbarte Geldmengenwachstum im Euroraum genommen. Zählt man zur Geldmenge M2 bestimmte marktfähige Verbindlichkeiten des Bankensektors hinzu, erhält man M3:
  M3 = M2 + plus Anteile an Geldmarktfonds, Repoverbindlichkeiten, Geldmarktpapieren und Bankschuldverschreibungen mit einer Laufzeit bis zu zwei Jahren
- Repogeschäfte (repurchase = Rückkauf): Es handelt sich um eine Finanztransaktion, bei der sich der Wertpapierkäufer (meist festverzinsliche Wertpapiere) verpflichtet, am Laufzeitende identische Wertpapiere an den Wertpapierverkäufer zurückzuübertragen. Während der Laufzeit wird das Eigentumsrecht auf den Käufer übertragen (= echtes Wertpapierpensionsgeschäft).

8.4.9 Geldwert

a) Der Wert von Münzen, Banknoten und Buchgeld ergibt sich aus dem aufgedruckten Nominalwert. Wie viel man an Waren und Dienstleistungen dafür erhält, hängt von den Preisen ab (Tauschwert). Um den Wert eines Euro auszudrücken, benötigt man eine Bezugsgröße. Das führt zum Begriff des Preisindex.

b) Das Statistische Bundesamt stellt einen sogenannten Warenkorb zusammen, der ein typisches Güterbündel für die privaten Haushalte enthält. Das Jahr der Zusammenstellung wird Basisjahr genannt. Da die Mengen im Warenkorb über einen gewissen Zeitraum gleich bleiben, kann eine Änderung der Gesamtausgaben auf Preisänderungen zurückgeführt werden. Die auf das Basisjahr folgenden Jahre werden Berichtsjahre genannt.

Der Preisindex stellt die durchschnittliche Preisentwicklung zwischen zwei Zeitpunkten dar. Berechnet man z.B. für ein Berichtsjahr den Preisindex mit 110, dann bedeutet das, dass sich der Warenkorb im Vergleich zum Basisjahr um 10 % verteuert hat. Auf Empfehlung des Statistischen Amtes der Europäischen Union werden jeweils die durch 5 teilbaren Jahre als Basisjahre gewählt. So ist es möglich, internationale Vergleiche anzustellen. Lebenshaltungskostenindex bzw. Verbraucherpreisindex:

$$= \frac{\text{Wert des Warenkorbes im Berechnungsjahr}}{\text{Wert des Warenkorbes im Basisjahr}} \cdot 100$$

Mit steigendem Preisniveau sinkt die Kaufkraft, da mit einer Geldeinheit weniger Güter gekauft werden können als vorher. Sobald die Preise steigen, sinkt die Kaufkraft und umgekehrt. Kaufkraft und Preisniveau stehen in umgekehrtem Verhältnis zueinander.

$$\text{Kaufkraft} = \frac{1}{\text{Preisniveau}}$$

Bei einer Steigerung der Preise um 100 % (Preisänderungsfaktor 2) beträgt die Kaufkraft nur noch 50 % (Veränderungsfaktor der Kaufkraft = 0,5). Die Veränderung des Preisindex kann in Punkten oder in Prozenten festgehalten werden. Bei einer Steigerung des Preisindex von 110 auf 120 beträgt der Anstieg 10 Punkte. Will man die Indexentwicklung in Prozent wissen, kann man mit dem Dreisatz arbeiten oder mit folgender Formel:

$$\begin{array}{c}\text{Veränderung}\\ \text{des Preisindex}\end{array} = \frac{\text{neuer Indexstand}}{\text{alter Indexstand}} \cdot 100 - 100 = \frac{120}{110} \cdot 100 - 100 = 9{,}09\,\%$$

Möchte man die Änderung der Kaufkraft wissen, kann man folgende Formel verwenden:

$$\begin{array}{c}\text{Veränderung}\\ \text{der Kaufkraft}\end{array} = \frac{\text{alter Indexstand}}{\text{neuer Indexstand}} \cdot 100 - 100 = \frac{100}{120} \cdot 100 - 100 = 8{,}33\,\%$$

Eine Steigerung des Preisindex um 10 Punkte bzw. 9,09 % bedeutet also, dass die Kaufkraft um 8,33 % gesunken ist.

8.5 Lösungen Set 5

8.5.1 Die Fisher'sche Verkehrsgleichung (Quantitätsgleichung) zeigt den Zusammenhang zwischen Güterangebot, Geldmenge und Preisen:

$$G \cdot U = H \cdot P$$

G = Geldmenge, U = Umlaufgeschwindigkeit des Geldes, H = Handelsvolumen (Menge der im Handel befindlichen Güter), P = durchschnittliches Preisniveau der Güter

Auflösung der Formel nach P:

$$P = \frac{G \cdot U}{H}$$

Setzt man die Umlaufgeschwindigkeit des Geldes als konstant voraus, folgt daraus: Steigt die Geldmenge stärker als das Handelsvolumen, werden die Preise steigen (und umgekehrt).

8.5.2 Unternehmen kalkulieren durch Inflation ausgelöste Preissteigerungen bei Betriebsmitteln und Werkstoffen ein. Banken legen Kreditzinsen unter Berücksichtigung des Geldwertverlustes fest. Gewerkschaften fordern einen Inflationsausgleich in ihren Lohnverhandlungen. Die Preissteigerungen werden von Jahr zu Jahr fortgesetzt, wenn sie nicht durch äußere Einflüsse zum Stillstand gebracht werden.

8.5.3 Die Unternehmen behaupten, dass Lohnsteigerungen Preissteigerungen nach sich ziehen (Lohn-Preis-Spirale). Die Gewerkschaften behaupten, dass wegen gestiegener Preise Lohnerhöhungen notwendig sind (Preis-Lohn-Spirale).

8.5.4
- Nominales Bruttonationaleinkommen: Verwendung der Preise des jeweiligen Berechnungsjahres
- Reales Bruttonationaleinkommen: Verwendung der Preise des Basisjahres

Subtrahiert man von der Steigerungsrate des nominalen Bruttonationaleinkommens die Inflationsrate, erhält man die Steigerungsrate des realen Bruttonationaleinkommens (preisbereinigte Steigerungsrate).
Ist in einem Jahr das nominale Bruttonationaleinkommen um 2 % gestiegen und die Inflationsrate betrug im Jahresdurch-

schnitt 3 %, so ist das reale Bruttonationaleinkommen um 1 % gesunken.

8.5.5 Deflation

Definition
Die Deflation ist das Gegenteil der Inflation. Die Preise sinken und die Kaufkraft steigt, was zunächst allen zugutekommt. Damit verbunden ist zunehmende Arbeitslosigkeit. Bei einer Deflation ist die nachfragewirksame Geldmenge kleiner als die angebotene Gütermenge. Dieser Überhang wird als deflatorische Lücke bezeichnet.

Ursachen
Die Ursachen der Deflation sind vielfältig. Es kommt z.B. zum Rückgang der Binnennachfrage, weil von den Wirtschaftssubjekten die Zukunft pessimistisch eingeschätzt wird. Sowohl beim Konsum als auch bei den Investitionen wird zurückhaltend agiert. Ein weiterer Grund ist der Rückgang der Auslandsnachfrage, weil sich dort das Wachstum verlangsamt hat. Werden im Inland vermehrt Güter aus dem Ausland zu niedrigen Preisen angeboten, kommt es zu einer Erhöhung des Güterangebots. Andere Länder überschwemmen den Weltmarkt mit Billigprodukten, was wiederum zur Deflation führt. Noch ein Grund sind Überkapazitäten. In manchen Sektoren wächst das Angebot schneller als die Nachfrage. Die Nachfragelücke führt zu einer Verschärfung des Wettbewerbs. Die Anbieter wollen diese Lücke durch Preissenkungen schließen.

Folgen
Dauern Preisrückgänge längere Zeit an, führt dies bei Unternehmen zu sinkenden Gewinnen. Diese machen irgendwann Verluste und verschwinden vom Markt. Als Folge steigt die Arbeitslosigkeit, der Konsum und Investitionen gehen zurück. Die Nachfragelücke nimmt weiter zu. Wegen der niedrigeren Gewinne der Unternehmen sinken die Löhne und damit auch das Kaufkraftniveau. Um erneut Konsumanreize zu schaffen, müssen die Anbieter die Preise noch einmal senken. Das wiederum führt zu einem weiteren Anstieg der Deflation. Sachvermögen

verliert an Wert und die Aktienkurse sinken wegen der stagnierenden oder zurückgehenden Unternehmensgewinne. Besitzer von Geldvermögen und Gläubiger profitieren von der Deflation, da sich der Realwert ihrer Geldforderungen erhöht.

8.5.6 Die Handelsbilanz erfasst den Export und den Import von Waren. Man spricht von einer aktiven Handelsbilanz, wenn die Ausfuhr größer ist als die Einfuhr (Aktivsaldo). Umgekehrt liegt eine passive Handelsbilanz oder ein passiver Saldo vor.

8.5.7 Im System flexibler/freier Wechselkurse bilden sich diese durch Angebot und Nachfrage frei am Devisenmarkt. Idealtypisch finden keine staatlichen Eingriffe statt. Verändern sich Devisenangebot bzw. Devisennachfrage aufgrund von Export- und Importgeschäften, grenzüberschreitenden Investitionen, Spekulationen u.a., verschieben sich die Wechselkurse. Diese Schwankungen bezeichnet man als Floating.

- freies Floating: ohne staatliche Beeinflussung
- kontrolliertes, „schmutziges", manipuliertes Floating: Zentralbanken versuchen durch Kauf und Verkauf von Devisenreserven das Geschehen auf dem freien Markt zu beeinflussen

8.5.8 Der Begriff Stagflation setzt sich zusammen aus Stagnation und Inflation. Die Konjunktur stagniert und die Inflationsrate ist hoch. Die Produktionskapazitäten können durch günstige Kreditgewährung nicht besser ausgelastet werden. Gleichzeitig müsste die Inflation durch geringere Produktion bzw. Absatz (weniger Geld auf dem Markt) reduziert werden. Beide Ziele stehen im Konflikt zueinander und stellen ein wirtschaftspolitisches Problem dar.

9 Konjunktur- und Wirtschaftspolitik

- Wirtschaftsverlauf
- Konjunkturzyklus
- Konjunkturindikatoren
- wirtschaftspolitische Maßnahmen
- magisches Viereck und Sechseck
- Sozialpolitik
- Arbeitsmarktpolitik
- Umweltpolitik
- Geldpolitik
- funktionelle und personelle Einkommensverteilung
- Primär- und Sekundärverteilung
- Lohnquote
- Gewinnquote
- Offenmarktpolitik
- Fazilitäten
- Mindestreservepolitik
- antizyklische Fiskalpolitik

9.1 Übungsaufgaben Set 1

9.1.1 Beschreiben Sie
a) die Zielsetzung der antizyklischen (nachfrageorientierten) Fiskalpolitik,
b) wie dabei vorgegangen wird,
c) welche Problematik sich ergeben kann und
d) formulieren Sie Kritikpunkte an der antizyklischen Fiskalpolitik.

9.1.2 Beurteilen Sie, wo mögliche Grenzen des Wirtschaftswachstums liegen.

9.1.3 Industriebetriebe haben mehrere Möglichkeiten, ihre Produktion an Beschäftigungsschwankungen anzupassen. Gehen Sie auf drei Fälle ein, die hier denkbar sind.

9.1.4 Ein Unternehmer kombiniert Produktionsfaktoren zur Leistungserstellung und bezieht dafür Einkommen. Nennen Sie Teile, aus denen sich das Unternehmereinkommen zusammensetzen kann.

9.1.5 Beurteilen Sie, was man mithilfe von Konjunkturindikatoren feststellen kann. Nennen Sie einige.

9.1.6 Erläutern Sie, welche Art von Investitionen man betrachtet, um die künftige Wirtschaftsentwicklung abschätzen zu können.

9.1.7 Stellen Sie dar, wie sich eine Reduzierung der direkten Steuern auswirken könnte auf
a) die Haushalte
b) die Unternehmen.

9.1.8 Die soziale Marktwirtschaft ist durch sozialpolitische Aktivitäten des Staates gekennzeichnet. Finden Sie Beispiele zu den folgenden Aktivitätsbereichen:
a) Bildungspolitik
b) Politik der Einkommensumverteilung
c) Politik zur Absicherung von Arbeitsrisiken
d) Konjunktur- und Strukturpolitik
e) Wettbewerbspolitik

9.1.9 Bestimmen Sie, wo dem Staat in der Wirtschafts- und Sozialpolitik in einer sozialen Marktwirtschaft Grenzen gesetzt sind.

9.1.10 Legen Sie fest, in welchem Bereich (z.B. Sozialpolitik) die Bundesregierung tätig wäre
a) ... wenn sie zur Überwindung einer Rezession die Lohn- und Einkommensteuer um 10 % senken würde.
b) ... wenn die Wohnungsbaugesellschaften einen staatlichen Baukostenzuschuss zur Erstellung von Sozialwohnungen erhielten.

9.2 Übungsaufgaben Set 2

9.2.1 Führen Sie aus, welche konjunkturpolitische Maßnahme der Staat ergreifen könnte, um mangelnde Investitionsneigung bei schwacher Konjunktur anzukurbeln.

9.2.2 Deutsche Unternehmen wurden durch ein Institut für Wirtschaftsforschung befragt. Das Ergebnis lautet wie folgt:
Gegenüber dem letzten Quartal sind die Auftragseingänge ...
- ... gestiegen: 8 % der Befragten
- ... unverändert: 20 % der Befragten
- ... gefallen: 72 % der Befragten

Gegenüber dem letzten Quartal ist der Auftragsbestand ...
- ... höher: 5 % der Befragten
- ... unverändert: 10 % der Befragten
- ... niedriger: 85 % der Befragten

Entscheiden Sie, welche Maßnahme die Bundesregierung ergreifen kann, um dieser Entwicklung entgegenzuwirken:
a) Subventionen abbauen
b) den Umsatzsteuersatz erhöhen
c) die Staatsausgaben erhöhen
d) die direkten Steuern erhöhen

9.2.3 Wählen Sie aus: In der Aufschwungphase des Konjunkturzyklus
a) nimmt die Arbeitslosigkeit zu.
b) gehen die Investitionen zurück.
c) nehmen die Investitionen zu.
d) nimmt die Kapazitätsauslastung der Betriebe ab.

9.2.4 Beschreiben Sie, welche Veränderungen auf dem Güter-, Arbeits- und Kreditmarkt in der ersten Hälfte des Aufschwungs zu finden sind.

9.2.5 Die staatliche Beschäftigungspolitik muss unterschiedliche Maßnahmen ergreifen, je nachdem, ob es sich um saisonale, friktionelle, strukturelle oder konjunkturelle Arbeitslosigkeit handelt.
a) Erläutern Sie, was jeweils unter den Arten der Arbeitslosigkeit zu verstehen ist.
b) Schlagen Sie Maßnahmen vor, die der Staat ergreifen könnte, um die strukturelle und die konjunkturelle Arbeitslosigkeit zu bekämpfen.
c) Überlegen Sie, welche Problematiken bei der staatlichen Beschäftigungspolitik auftreten können.

9.2.6 Die Arbeitsmarktpolitik konzentriert sich in erster Linie auf die Gestaltung von Arbeitsbedingungen auf konkreten Arbeitsmärkten. Nennen Sie Beispiele für Marktausgleichspolitik.

9.2.7 Seit dem 1. Januar 1999 setzt das Europäische System der Zentralbanken (ESZB) die Arbeit der Deutschen Bundesbank fort. Geben Sie an, in welchem Bereich das ESZB vorrangig tätig ist.

9.2.8 Stellen Sie fest, welches wirtschaftspolitische Ziel in erster Linie durch eine restriktive Geldpolitik erreicht werden soll.

9.2.9 Beschreiben Sie, wie sich Gewinn- und Lohnquote verändern, wenn die Unternehmergewinne schneller steigen als die Einkommen der unselbstständigen Erwerbspersonen.

9.2.10 Führen Sie aus, welche Aufgaben die Europäische Zentralbank wahrnimmt.

9.3 Übungsaufgaben Set 3

9.3.1 Entscheiden Sie, ob Staatseinnahmen als Konjunkturindikator geeignet sind.

9.3.2 In der folgenden Tabelle sind die Konjunkturindikatoren „Auftragseingänge" und „Nettoproduktion" über vier Jahre aufgelistet. Wählen Sie aus, welchem Jahr welche Konjunkturphase zugeordnet werden kann.

	Jahr 1	Jahr 2	Jahr 3	Jahr 4
Auftragseingänge	+ 12 %	+ 8 %	− 1,2 %	+ 4 %
Nettoproduktion	+ 6 %	− 0,9 %	− 15 %	+ 2 %

9.3.3 Die Europäische Zentralbank beabsichtigt, im Rahmen ihrer Versorgung des Bankensektors mit Liquidität einen Mengentender durchzuführen. Die Banken A, B und C beantragen insgesamt 300 Mio. €.
Bank A möchte 100 Mio. €, Bank B 150 Mio. € und Bank C 50 Mio. €.
Die Europäische Zentralbank beschließt, aus liquiditätspolitischen Gründen nur 270 Mio. € zuzuteilen. Berechnen Sie den Anteil der einzelnen Banken.

9.3.4 Aus den folgenden Angaben ist die Lohnquote in Prozent zu ermitteln:

- Bruttonationaleinkommen 450 Mrd. €
- Unternehmens- und Vermögenseinkommen 85 Mrd. €
- Abschreibungen 100 Mrd. €
- indirekte Steuern 70 Mrd. €
- Subventionen an Unternehmen 15 Mrd. €

9.3.5 Aus den folgenden Angaben ist die Gewinnquote in Prozent zu ermitteln:

Bruttonationaleinkommen	450 Mrd. €
Arbeitnehmerentgelt	200 Mrd. €
Abschreibungen	100 Mrd. €
indirekte Steuern	70 Mrd. €
Subventionen an Unternehmen	25 Mrd. €

9.3.6 Es ist darzustellen, wie sich die Erhöhung der Mehrwertsteuer und die Erhöhung der wichtigsten Einfuhrzölle auf die Ziele des magischen Vierecks auswirken:
a) in der Hochkonjunktur,
b) in der Depression.
c) Erläutern Sie die Ziele der Erhebung von Zöllen.

9.3.7 Bestimmen Sie, was man unter einer produktivitätsorientierten Lohnpolitik versteht.

9.3.8 Erläutern Sie, welche wirtschaftlichen Größen parallel zum Konjunkturzyklus schwanken.

9.3.9 Führen Sie aus, wie sich das „Unternehmens- und Vermögenseinkommen" und das „Arbeitnehmerentgelt" zusammensetzen.

9.3.10 Erläutern Sie die Arten des Einkommens aus volkswirtschaftlicher Sicht.

9.4 Übungsaufgaben Set 4

9.4.1 Beschreiben Sie die Berechnung von Lohn- und Gewinnquote und deren Zusammenhang.

9.4.2 Erläutern Sie die primäre und die sekundäre Einkommensverteilung.

9.4.3 Zeigen Sie die Berechnung des verfügbaren Einkommens der Haushalte ausgehend vom Bruttoeinkommen.

9.4.4 Beschreiben Sie, wofür die Haushalte ihr verfügbares Einkommen verwenden.

9.4.5 Skizzieren und erläutern Sie die Lorenzkurve.

9.4.6 Erläutern Sie
a) wer zum Europäischen System der Zentralbanken (ESZB) gehört,
b) was dessen wichtigste Aufgaben sind und
c) was die Aufgaben der Geschäftsbanken sind.

9.4.7 Beschreiben Sie saisonale, konjunkturelle und langfristige Wirtschaftsschwankungen.

9.4.8 Beschreiben und skizzieren Sie den Konjunkturzyklus.

9.4.9 Ordnen Sie den vier Konjunkturphasen Konjunkturindikatoren und deren jeweiliges Verhalten zu.

9.4.10 Erläutern Sie die Überinvestitionstheorie und die Unterkonsumtionstheorie.

9.4.11 Begründen Sie technische Innovationen und Ausweitung der Geldmenge als Auslöser eines Aufschwungs.

9.5 Übungsaufgaben Set 5

9.5.1 Das Stabilitätsgesetz umfasst die Ziele der Konjunkturpolitik (magisches Viereck bzw. Sechseck).
a) Führen Sie diese Ziele aus und welche Probleme bei deren Verfolgung auftreten können.
b) Entscheiden Sie, über welche Teilbilanz das außenwirtschaftliche Gleichgewicht ermittelt wird.

9.5.2 Erläutern Sie
a) die Offenmarktpolitik,
b) die Mindestreservepolitik der EZB mit möglichen Auswirkungen der Senkung des Mindestreservesatzes.

9.5.3 Beschreiben Sie die Vorgehensweise des Europäischen Systems der Zentralbanken (ESZB) bei Anwendung des Mengentenders bzw. Zinstenders.

9.5.4 Erläutern Sie Spitzenrefinanzierungsfazilität und Einlagenfazilität.

9.5.5 Stellen Sie mögliche Auswirkungen einer Leitzinssenkung dar.

9.5.6 Beschreiben Sie einen möglichen Konflikt zwischen nationalen Regierungen und der Zentralbank beim Thema Leitzinsen.

9.5.7 Erläutern Sie antizyklische und angebotsorientierte Fiskalpolitik.

9.5.8 Erläutern Sie „deficit spending".

9.5.9 Nennen Sie expansive (die Nachfrage steigernde) fiskalpolitische Instrumente.

9.5.10 Überlegen Sie, welche Ziele Gewerkschaften mit ihrer Lohnpolitik verfolgen.

9.5.11 Beschreiben Sie Maßnahmen
a) der Arbeitsmarktpolitik,
b) der Umweltschutzpolitik.

9.1 Lösungen Set 1

9.1.1 Antizyklische Fiskalpolitik

a) Die Zielsetzung ist die Verstetigung des Konjunkturverlaufs durch gezielten Einsatz des Staatshaushaltes.
b) Das Vorgehen geschieht in der Art, dass in Zeiten der Depression und Rezession durch Bildung eines Defizitbudgets (z.B. Steuersenkungen) die Konjunktur angeheizt werden soll und umgekehrt im Boom durch Bildung eines Überschussbudgets (z.B. Steuererhöhungen) Nachfrage gedämpft und dadurch die Konjunktur gebremst werden soll.
c) Problematisch sind dabei die Auswahl der richtigen Instrumente, die richtige Dosierung zum richtigen Zeitpunkt und die Staatsverschuldung.
d) Beispiele für Kritikpunkte:
   - Bis Maßnahmen beschlossen werden, dauert es oft sehr lange, da Entwicklungen nicht rechtzeitig erkannt werden und die Bürokratie viel Zeit erfordert. Deshalb tritt eine mögliche Wirkung häufig sehr spät auf.
   - Unternehmen und Haushalte müssen nicht so reagieren, wie es die Theorie der Volkswirtschaft vorsieht. Steht den

Wirtschaftssubjekten beispielsweise durch Steuersenkungen mehr Geld zur Verfügung, müssen sie dieses nicht investieren, sondern können auch sparen.
- Hat der Staat kein Geld, kann er die Konjunktur belebenden Maßnahmen nur durch eine höhere Staatsverschuldung finanzieren. Dies kann zu einer höheren Inflation führen. Außerdem besteht die Gefahr, auf Kosten der nächsten Generationen zu leben.

9.1.2 Rohstoffknappheit, gestiegenes Umweltbewusstsein, Kosten des Umweltschutzes, steigende Forschungs- und Entwicklungskosten

9.1.3
- Zeitliche Anpassung: Wenn Anlagenbestand und Leistungsintensität unverändert bleiben, kann die Fertigungszeit z.B. durch Überstunden oder Kurzarbeit erhöht oder vermindert werden.
- Intensitätsmäßige Anpassung: Das vorhandene Leistungspotenzial wird bei gleichbleibendem Betriebsmittelbestand und unveränderter Arbeitszeit unterschiedlich genutzt. So kann die Laufgeschwindigkeit technischer Anlagen erhöht oder gesenkt werden.
- Quantitative Anpassung: Fertigungszeit und Leistungsintensität bleiben unverändert. Der Betriebsmittelstand wird durch Erweiterungsinvestitionen bzw. Stilllegung verändert.

9.1.4 Unternehmerlohn als Einkommen für den Produktionsfaktor Arbeit, Unternehmerzins als Einkommen für den Produktionsfaktor Kapital, Risikoprämie als Einkommen für die dispositive Arbeit, Gewinn

9.1.5 Konjunkturindikatoren sollen anzeigen, an welcher Stelle des Konjunkturzyklus sich eine Volkswirtschaft befindet und wie die Konjunktur verlaufen wird. Beispiele: Auftragseingänge, Auftragsbestand, Kapazitätsauslastung, Lagerhaltung, Gewinne, Preise, Löhne, Zinsen

9.1.6 Neuinvestitionen sind ein Indikator für die wirtschaftliche Entwicklung und lassen Schlüsse auf Stagnation oder Expansion zu.

9.1.7 Auswirkungen von Steuersenkungen

a) Durch Verringerung der Einkommens- bzw. Lohnsteuer haben die Haushalte mehr verfügbares Einkommen. Dadurch könnte die Konsumgüternachfrage steigen. Die Haushalte könnten aber auch mehr sparen.

b) Da den Unternehmen dadurch mehr Geld zur Verfügung steht, könnten sie verstärkt investieren und Arbeitskräfte einstellen. Es findet eine geringere Kapitalflucht statt.

9.1.8 Sozialpolitische Aktivitäten

a) Umschulungsmaßnahmen, BAföG, kostenloser Schulbesuch

b) Steuerprogression, Kindergeld, Vermögensbildung bei Arbeitnehmern

c) Jugendarbeitsschutz, Mitbestimmung, Mutterschutz

d) Investitionszulagen, Städtebauförderung, Beschäftigungsprogramme

e) Verbot des unlauteren Wettbewerbs, Kartellverbot

9.1.9 Da die Unternehmer Investitions-, Produktions- und weitere Gestaltungsfreiheiten für wirtschaftliche Prozesse haben, kann der Staat auf die Märkte keinen Zwang ausüben. Vor allem in Krisenzeiten ist die Steuerung der Wirtschaft über den Markt sehr schwierig, da sich die Marktpartner zum Teil irrational verhalten. Die Versorgung der Bevölkerung ist nicht immer durch Privatunternehmen gesichert. Das trifft vor allem bei öffentlichen Gütern zu.

9.1.10 a) Die Bundesregierung wäre im Rahmen der Einnahmenpolitik des Staates tätig.

b) Es handelt sich hier um die staatliche Umverteilungspolitik.

9.2 Lösungen Set 2

9.2.1 Der Staat könnte beispielsweise versuchen, durch Erhöhung der Abschreibungsmöglichkeiten die Investitionstätigkeit der Unternehmen anzuregen.

9.2.2 Dieser Entwicklung kann nur durch eine Erhöhung der Staatsausgaben entgegengewirkt werden.

9.2.3 In der Aufschwungphase des Konjunkturzyklus nehmen die Investitionen zu.

9.2.4 Auf den Gütermärkten ist eine steigende Nachfrage zu verzeichnen mit nachfolgender steigender Produktion, höherer Kapazitätsauslastung, keiner oder nur geringer Preiserhöhung und Gewinnsteigerung. Bezüglich des Arbeitsmarktes steigen die Beschäftigung und die Zahl der offenen Stellen. Die Arbeitslosigkeit sinkt. Es findet eine geringe Lohnsteigerung statt. Auf dem Kreditmarkt steigt die Kreditnachfrage, die Liquidität wird abgebaut und es herrscht konstanter Zins.

9.2.5 Beschäftigungspolitische Maßnahmen bei Arbeitslosigkeit

a)
- Saisonale Arbeitslosigkeit: Sie entsteht aus dem Wechsel der Jahreszeiten, z.B. nimmt im Winter die Beschäftigung im Baugewerbe ab.
- Friktionelle Arbeitslosigkeit: Sie entsteht aufgrund des Arbeitsplatzwechsels und ist die Zeit zwischen Beendigung der alten Tätigkeit und Aufnahme der neuen.
- Strukturelle Arbeitslosigkeit: Sie tritt aufgrund von Bedarfs- und Nachfrageverschiebungen ein.
- Konjunkturelle Arbeitslosigkeit: Sie entsteht aufgrund einer mit einem konjunkturellen Tief verbundenen Unterbeschäftigung.

b) Bestimmte Wirtschaftszweige werden durch die Vergabe von Subventionen gefördert. Für bestimmte Investitionen bestehen erhöhte Abschreibungsmöglichkeiten. Unternehmer bzw. Haushalte erhalten Steuererleichterungen.

c) Bei Investitionszulagen tritt der Mitnahmeeffekt auf. Der Staat verschuldet sich. Subventionierte Unternehmen treten nicht in Wettbewerb zueinander. Steuererleichterungen bei Haushalten müssen nicht zwangsläufig zu erhöhtem Konsum führen.

9.2.6 Marktausgleichspolitik:

- Erhaltung von Arbeitsplätzen durch Ausgleichsmaßnahmen (Kurzarbeitergeld)
- Schaffung von Arbeitsplätzen in speziellen Fällen (Arbeitsbeschaffungsmaßnahmen)

- Verbesserung der Markttransparenz durch Beratung und Vermittlung
- Verbesserung der beruflichen Mobilität durch Fortbildung und Umschulung
- Verbesserung der räumlichen Mobilität durch Übernahme der dadurch entstehenden Kosten

9.2.7 Geldpolitik

9.2.8 Preisstabilität

9.2.9 Die Gewinnquote erhöht sich, die Lohnquote wird gesenkt.

9.2.10 Z.B. Regelung der Kreditversorgung der Wirtschaft, Erhaltung der Preisstabilität, Regelung des Bargeldumlaufs in der Wirtschaft. Das Hauptrefinanzierungsgeschäft dient der Sicherung der Preisniveaustabilität. Die Europäische Zentralbank bietet den Kreditinstituten einmal pro Woche Liquidität für die Laufzeit von einer Woche gegen Verpfändung festverzinslicher Wertpapiere (Zinstender- oder Mengentenderverfahren). Der zugrundeliegende Zinssatz ist der Hauptrefinanzierungssatz (Mindestbietungssatz) und ist der wichtigste Leitzins der EZB.

9.3 Lösungen Set 3

9.3.1 Die Lohn- und die Einkommensteuer spiegeln die Lohnentwicklung wider. Diese ist als Spätindikator einzuordnen. Die Verbrauchs- und Umsatzsteuern stehen in einem direkten Verhältnis zu den getätigten Umsätzen. Sie können als Präsenzindikatoren dienen.

9.3.2 Konjunkturphasen

1. Jahr: Boom/Hochkonjunktur
2. Jahr: Rezession/Abschwung
3. Jahr: Depression/Tiefpunkt
4. Jahr: Expansion/Aufschwung

9.3.3

$$\frac{270.000.000\ €}{300.000.000\ €} \cdot 100 = 90\ \%$$

Jede Bank erhält 90% von dem, was sie beantragt hat. 270 Mio. € entsprechen 90% von 300 Mio. €.
Bank A: 90 Mio. €
Bank B: 135 Mio. €
Bank C: 45 Mio. €
Insgesamt ergibt das wieder 270 Mio. €.

9.3.4

	Bruttonationaleinkommen	450 Mrd. €
–	Abschreibungen	100 Mrd. €
=	Nettonationaleinkommen	350 Mrd. €
–	indirekte Steuern	70 Mrd. €
+	Subventionen an Unternehmen	15 Mrd. €
=	Volkseinkommen zu Faktorkosten	295 Mrd. €
–	Unternehmens- und Vermögenseinkommen	85 Mrd. €
=	Arbeitnehmerentgelt	210 Mrd. €

$$\text{Lohnquote} = \frac{\text{Arbeitnehmerentgelt} \cdot 100}{\text{Volkseinkommen}} = \frac{210 \cdot 100}{295} = 71{,}19\,\%$$

9.3.5

	Bruttonationaleinkommen	450 Mrd. €
–	Abschreibungen	100 Mrd. €
=	Nettonationaleinkommen	350 Mrd. €
–	indirekte Steuern	70 Mrd. €
+	Subventionen an Unternehmen	25 Mrd. €
=	Volkseinkommen zu Faktorkosten	305 Mrd. €
–	Arbeitnehmerentgelt	200 Mrd. €
=	Unternehmens- und Vermögenseinkommen	105 Mrd. €

$$\text{Gewinnquote} = \frac{\text{Unternehmens- und Vermögenseinkommen} \cdot 100}{\text{Volkseinkommen}} = \frac{105 \cdot 100}{305} = 34{,}43\,\%$$

9.3.6 Erhöhung von Mehrwertsteuer und Einfuhrzöllen

a) Die Erhöhung der Mehrwertsteuer kann das Wachstum durch Rückgang der Konsumnachfrage dämpfen. Die nachfrageinduzierte Inflation verringert sich und die Beschäftigung wird gedämpft. Das außenwirtschaftliche Gleichgewicht wird nicht gefährdet.
Durch die Erhöhung der wichtigsten Einfuhrzölle geht die Importgüternachfrage zurück und belastet den inländi-

schen Markt zusätzlich, da bei Kapazitätsauslastung die Güternachfrage größer ist als das gesamtwirtschaftliche Angebot. Preisniveaustabilität und außenwirtschaftliches Gleichgewicht sind gefährdet.

b) Eine Erhöhung der Mehrwertsteuer hemmt das Wachstum, da Kaufkraft abgeschöpft wird. Es können Preiserhöhungen stattfinden, da eine Erlösschmälerung zum Ausgleich zu Preiserhöhungen führen kann. Die Beschäftigung geht zurück, das außenwirtschaftliche Gleichgewicht ist nicht gefährdet.
Durch Erhöhung der wichtigsten Einfuhrzölle wird das Wachstum durch höhere Importpreise gedämpft. Die Preisniveaustabilität ist gefährdet. Durch die höheren Zölle bei Importgütern kann es zu einer höheren Inlandsnachfrage kommen und zu einer Ausweitung der Beschäftigung. Das außenwirtschaftliche Gleichgewicht wird bei einem Rückgang des Imports unter Beibehaltung des Exports gefährdet.

c) Ziele der Erhebung von Zöllen:
- Importzölle: Steigerung der Einnahmen des Staates, Schutz der inländischen Industrie
- Exportzölle: Verbesserung der Versorgung der eigenen Bevölkerung durch Belastung des Exports

9.3.7 Die Löhne steigen im gleichen Ausmaß wie die Arbeitsproduktivität. Da dadurch die Lohnstückkosten konstant bleiben, geht von der Lohnseite kein Inflationsimpuls aus.

9.3.8 Die gesamtwirtschaftliche Produktion und die Beschäftigung (und daraus folgend auch die Steuereinnahmen des Staates) schwanken parallel zum Konjunkturzyklus.
Bis auf die Vorratsinvestitionen verlaufen auch die Investitionen parallel. Ebenso verhält es sich mit den Zinssätzen und den Aktienkursen. Im Allgemeinen trifft das auch auf die Gewinne der Unternehmen zu.

9.3.9
- Unternehmens- und Vermögenseinkommen: Gewinneinkommen, Zinserträge, Mieten, Pachten
- Arbeitnehmerentgelt: Löhne und Gehälter

9.3.10 Hier wird deutlich, wie sich das Volkseinkommen auf die Produktionsfaktoren Arbeit, Boden, Kapital und Unternehmertätigkeit verteilt: Lohn- und Gehaltseinkommen aus unselbstständiger Arbeit, Pachteinkommen für Grund und Boden (Grundrente oder Bodenrente), Gewinn- und Zinseinkommen für Kapital (Gewinn für Eigenkapital, Zinsen für Fremdkapital)

Lohn	Pacht	Zinsen	Unternehmergewinn
↓	↓	↓	↓
Arbeit	Boden	Kapital	Unternehmertätigkeit

Auf die funktionelle Einkommensverteilung wird durch die Lohnsätze Einfluss genommen (Primärverteilung). In der Verteilung des Volkseinkommens lassen sich zwei Kategorien unterscheiden: Lohnquote und Gewinnquote.

9.4 Lösungen Set 4

9.4.1

$$\text{Lohnquote} = \frac{\text{Einkommen aus unselbstständiger Tätigkeit} \cdot 100}{\text{Volkseinkommen}}$$

Die Lohnquote ist der Anteil der Einkommen aus unselbstständiger Tätigkeit am Volkseinkommen.

$$\text{Gewinnquote} = \frac{\text{Einkommen aus Unternehmertätigkeit und Vermögen} \cdot 100}{\text{Volkseinkommen}}$$

Die Gewinnquote ist der Anteil der Einkommen aus Unternehmertätigkeit und Vermögen am Volkseinkommen.
Wird die Lohnquote erhöht, verkleinert sich die Gewinnquote und umgekehrt, da sich das Volkseinkommen zusammensetzt als Summe aus dem Einkommen aus unselbstständiger Arbeit, dem Einkommen aus Unternehmertätigkeit und aus Vermögen. Die Lohnquote berücksichtigt nicht das Einkommen der Unternehmer aus Arbeitnehmertätigkeiten. Rechnet man den kalkulatorischen Unternehmerlohn hinzu, erhält man das Arbeitseinkommen.

$$\text{ergänzte Lohnquote (Arbeitseinkommensquote)} = \frac{\text{Arbeitseinkommen} \cdot 100}{\text{Volkseinkommen}}$$

9.4.2 Die primäre/funktionelle/funktionale Einkommensverteilung ergibt sich als unmittelbares Ergebnis aus dem Produktionsprozess (Faktoreinkommen). Die Produktionsfaktoren Boden, Arbeit und Kapital stehen zur Produktion zur Verfügung. Sie erhalten entsprechend ihrer Funktion ein Einkommen. Der Produktionsfaktor Boden erhält Grundrente, der Produktionsfaktor Arbeit Lohn und der Produktionsfaktor Kapital Zins.

Bei der sekundären Einkommensverteilung verteilt der Staat die am Markt erzielten Einkommen. Dem Staat stehen hier einige Möglichkeiten zur Verfügung: Steuererhebung (nach Einkommen gestaffelte Steuersätze), Renten, Zahlung von Subventionen und Transfers (z.B. Kindergeld), Anbieten öffentlicher Güter. Bei der Sekundärverteilung werden nicht mehr so leistungsfähige oder leistungsunfähige Personen unterstützt.

Die personelle Einkommensverteilung zeigt, wie sich das Einkommen auf Personen oder Haushalte verteilt. Es setzt sich zusammen aus der primären Einkommensverteilung (Faktoreinkommen aus dem Produktionsprozess) und der sekundären Einkommensverteilung.

	personelles Primäreinkommen
+	Kindergeld
+	Renten
+	usw.
–	Einkommensteuer
–	Sozialbeiträge
–	usw.
=	personelles Einkommen

9.4.3

	Bruttoeinkommen
–	direkte Steuern (Einkommensteuer u.a.)
–	gesetzliche Sozialleistungen
+	Transferleistungen (Sozialhilfe, Wohngeld, Renten, Kindergeld u.a.)
=	verfügbares Einkommen der Haushalte

9.4.4 Haushalte konsumieren und sparen. Die Konsumquote zeigt den prozentualen Konsumanteil und die Sparquote den prozentualen Ersparnisanteil am verfügbaren Einkommen.

9.4.5 Die Lorenzkurve zeigt, welcher Anteil der gesamten Einkommen der Haushalte auf einen bestimmten Anteil der Haushalte entfällt. Je stärker die Krümmung ist, desto ungleicher ist die Verteilung. Die Fläche zwischen der Kurve und der Diagonalen ist ein Maß für die Ungleichverteilung.

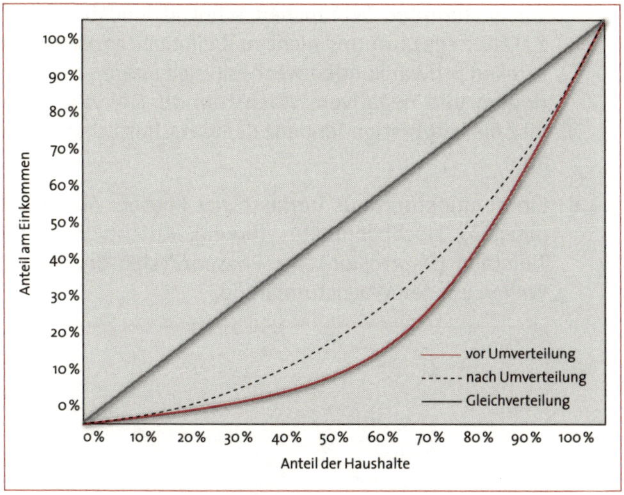

Lorenzkurve der Einkommensverteilung

9.4.6 Europäisches System der Zentralbanken (ESZB)

a) Zum Europäischen System der Zentralbanken gehören die Europäische Zentralbank (EZB) in Frankfurt und die nationalen Zentralbanken der Mitgliedsstaaten der Europäischen Union.

b) Gewährleistung der Preisstabilität, Aufrechterhaltung des Funktionierens der Zahlungssysteme, Festlegung und Ausführung der Geldpolitik der Gemeinschaft, Verwaltung von Währungsreserven der Mitgliedstaaten, Durchführung von Devisengeschäften

c) Abwicklung des Geldverkehrs, Gewährung von Krediten, Bewahrung von Einlagen, Handel mit Wertpapieren

9.4.7 Da sich die die Wirtschaft bestimmenden Größen ständig ändern wie z. B. Preise, Umsätze, Export oder Import, kommt es zu Wirtschaftsschwankungen. Dabei werden kurzfristige (saisonale) Schwankungen, mittelfristige (konjunkturelle) Schwankungen und langfristige Schwankungen (Wachstumstrend) unterschieden.
Saisonale Schwankungen hängen ab von den Jahreszeiten oder von bestimmten Gebräuchen. Schokoladenosterhasen werden zu Ostern gekauft und nicht zu Weihnachten. Bei den konjunkturellen Schwankungen wechseln sich Phasen mit hohem, geringem und negativem Wachstum ab. Der Wachstumstrend gibt die langfristige Tendenz der wirtschaftlichen Entwicklung an.

9.4.8 Ein Konjunkturzyklus umfasst vier Phasen: Aufschwung (Expansion), Hochkonjunktur (Boom), Abschwung (Rezession), Tiefstand (Depression). Die Phasen/Zyklen bewegen sich als Wellen um den Wachstumstrend.

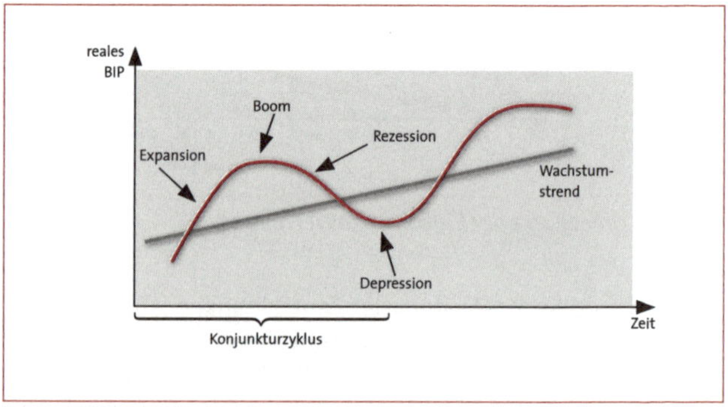

Konjunkturzyklus

Expansion (Aufschwung):
Die Arbeitslosigkeit geht zurück, Kurzarbeit wird abgebaut, die offenen Stellen nehmen zu. Die Auslastung der Kapazitäten steigt. Die Einkommen der Privathaushalte steigen. Es herrscht

relative Preisniveaustabilität. Die Zinsen steigen tendenziell mit dem Aufschwung.

Boom (Hochkonjunktur):
Es herrscht Voll- bis Überbeschäftigung. Es werden Überstunden und Sonderschichten gefahren. Die Kapazitäten sind fast ausgelastet. Die Preise steigen stärker. Das Zinsniveau ist hoch und die Zinsen steigen weiter.

Rezession (Abschwung):
Arbeitskräfte werden freigesetzt, der Staat erhält dadurch weniger Einkommensteuer. Kurzarbeit wird eingeführt, Überstunden werden abgebaut. Die Auslastung der Kapazitäten sinkt. Durch geringere Umsätze sinken die Einnahmen des Staates aus der Umsatzsteuer. Die Einkommen der Haushalte sinken durch Abbau freiwilliger Lohnzahlungen. Die Preissteigerungsrate nimmt ab, die Zinsen gehen zurück. Die Gewinne der Unternehmen sinken und damit die Steuereinnahmen des Staates (Gewerbesteuer, Körperschaftsteuer).

Depression (Tiefstand):
Die Arbeitslosenquote ist hoch, Kapazitäten sind bei Weitem nicht ausgenutzt. Die Einkommen sinken. Das Preisniveau wird gedämpft und die Zinsen sind niedrig.

9.4.9

Phase/ Indikator	Expansion	Boom	Rezession	Depression
Produktion	langsam steigend	schnell steigend	fallend	niedrig
Reallöhne	langsam steigend	steigend	fallende Zuwachsraten	gleichbleibend bis fallend
Auftragseingänge	steigend	schnell steigend	fallend	niedrig
Investitionsneigung	steigend	konstant bis fallend	fallend	schnell fallend
Arbeitslosigkeit	fallend	sehr niedrig	steigend	hoch

Preissteigerungsrate	langsam steigend	hoch und weiter steigend	langsam fallend	fallend
Zinsen	mit Verzögerung steigend	auf hohem Stand weiter steigend	fallend	niedrig
Stimmung	optimistisch	vorsichtig	pessimistisch	pessimistisch

Übersicht: Konjunkturphasen

9.4.10
- Überinvestitionstheorie: Die Ursachen für konjunkturelle Schwankungen liegen in einer ungleichmäßigen Entwicklung von Konsum- und Investitionsgütersektor. Im Aufschwung wächst der Investitionsgütersektor schneller als der Konsumgütersektor. Daraus folgt, dass die Kapazitäten nicht mehr ausgelastet werden können. Investitionen gehen zurück. Das wirtschaftliche Wachstum wird langsamer. Der Umschwung beginnt.
- Unterkonsumtionstheorie: Im Aufschwung verschiebt sich die Einkommensverteilung hin zu den Kapitaleinkommen. Hohe Einkommen haben eine höhere Sparquote als niedrige Einkommen. Im Aufschwung steigt daher die durchschnittliche Sparquote. Die Konsumgüternachfrage wächst deshalb langsamer als die Produktion. Die Produktionskapazitäten sind weniger ausgelastet. Die Investitionen gehen zurück. Es beginnt der Abschwung.

9.4.11 Technische Innovationen bieten neue Möglichkeiten zur Erzielung von Gewinnen. Daraus entwickelt sich eine steigende Investitionstätigkeit, die sich positiv auf das wirtschaftliche Wachstum auswirkt.

Durch Ausweitung der Geldmenge wächst die Nachfrage schneller als das Angebot. Das führt zu Preissteigerungen, was wiederum zu einer Erhöhung der Produktion führt, um die gestiegene Nachfrage zu erfüllen.

9.5 Lösungen Set 5

9.5.1 a) Das gesamtwirtschaftliche Gleichgewicht soll durch vier Maßnahmen stabilisiert werden:

- hoher Beschäftigungsstand
- stetiges und angemessenes Wirtschaftswachstum
- außenwirtschaftliches Gleichgewicht
- Stabilität des Preisniveaus

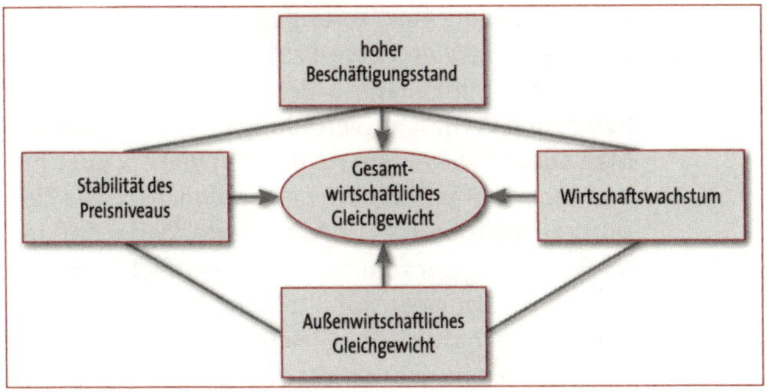

Magisches Viereck

Unter hohem Beschäftigungsstand versteht man die Vollbeschäftigung aller Produktionsfaktoren. Als Indikator nimmt man die Arbeitslosenquote und das Verhältnis der Zahl der offenen Stellen zur Zahl der Arbeitslosen. Auch hier ist nicht die absolute, sondern die relative Vollbeschäftigung gemeint. Eine bestimmte niedrige Arbeitslosenquote wird akzeptiert. Alle arbeitsfähigen und arbeitswilligen Personen, die für eine Beschäftigung geeignet sind und eine Beschäftigung zu den herrschenden Lohnsätzen suchen, finden kurzfristig einen Arbeitsplatz.

Zur Messung der Stabilität des Preisniveaus wird als Indikator der Preisindex für die Lebenshaltung verwendet. Hier wird die Entwicklung der Konsumgüterpreise sichtbar. Das Ziel ist nicht die absolute, sondern die relative Preisniveaustabilität. Sie gilt als erreicht, wenn der Preisindex eine bestimmte Steigerungsrate pro Jahr nicht überschreitet.

Der Indikator für das außenwirtschaftliche Gleichgewicht ist der Außenbeitrag als Differenz zwischen Export und Import

von Waren und Dienstleistungen (Saldo der Handels- und Dienstleistungsbilanz). Die Leistungsbilanz soll ausgeglichen sein oder einen geringen Überschuss aufweisen.
Das Wirtschaftswachstum wird gemessen über die jährliche Zuwachsrate des realen Bruttoinlandsprodukts bzw. des realen Bruttonationaleinkommens. Bei stetigem Wirtschaftswachstum gibt es keine starken Schwankungen in der Beschäftigung und der Wohlstand eines Landes erhöht sich auch für ärmere Bevölkerungsgruppen.
Das magische Viereck wird zum magischen Sechseck erweitert durch Hinzunahme der sozialverträglichen Einkommens- und Vermögensverteilung und des Umweltschutzes.
Man spricht von einem magischen Viereck oder magischen Sechseck, weil es praktisch nicht möglich ist, alle Ziele gleichzeitig zu realisieren. Es ist Aufgabe der Wirtschaftspolitik unter Beachtung der zahlreichen Zielkonflikte (z.B. in der Kombination Preisniveaustabilität und Vollbeschäftigung oder außenwirtschaftliches Gleichgewicht und Wirtschaftswachstum) eine richtige Mischung von Maßnahmen zur optimalen Gestaltung der wirtschaftlichen und gesellschaftlichen Rahmenbedingungen zu suchen.
Die Ziele Wirtschaftswachstum und hoher Beschäftigungsstand sind einander ergänzende Ziele. Durch den hohen Beschäftigungsstand steigt die Nachfrage. Dadurch steigern die Unternehmen die Produktion und stellen noch mehr Mitarbeiter ein.

b) Das außenwirtschaftliche Gleichgewicht ergibt sich aus dem Saldo der Leistungsbilanz. Diese setzt sich aus folgenden Teilbilanzen zusammen: Handelsbilanz, Dienstleistungsbilanz, Bilanz der Erwerbs- und Vermögenseinkommen, Bilanz der laufenden Übertragungen

9.5.2 Offenmarktpolitik und Mindestreservepolitik

a) Die Offenmarktpolitik wird eingesetzt bei der Zinssteuerung und bei der Bereitstellung von Liquidität am Markt. Die Zentralbank kann durch den Kauf und Verkauf von Wertpapieren die Zinssätze beeinflussen. Sie legt dazu vom Marktzinssatz abweichende Sätze fest. Die Kreditinstitute können dann entscheiden, wie viele Wertpapiere sie bei der Zentralbank kaufen oder an sie verkaufen. Durch den Verkauf von Wertpapieren von der Zentralbank fließt Geld vom Markt ab. Die Kreditinstitute haben keine Überschussreserven mehr und setzen das Kreditangebot herab. Dadurch kann eine inflationäre Entwicklung gebremst werden. Durch den Kauf von Wertpapieren führt die Zentralbank dem Markt Liquidität zu. Die Kreditinstitute haben wieder mehr Geld und erhöhen das Kreditangebot.

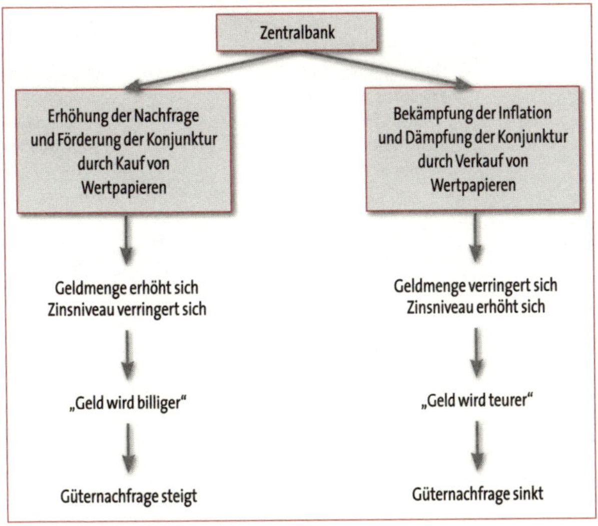

b) Mindestreserven sind Geldbeträge, die von den Kreditinstituten bei der Europäischen Zentralbank eingezahlt werden müssen. Sie erhalten dafür nur eine geringe Verzinsung. Die Höhe orientiert sich an den Verbindlichkeiten gegenüber Nichtbanken aus Sichteinlagen (täglich fällige Einlagen), Einlagen mit vereinbarter Laufzeit, Einlagen mit vereinbarter Kündigungsfrist und Repogeschäften, außerdem aus gegebenen Schuldverschreibungen und Geldmarktpapieren. Die Mindestreservesätze werden berechnet als prozentualer Anteil der Mindestreserven am Wert der Verbindlichkeiten. Je höher die Mindestreserven sind, desto weniger Geld steht den Kreditinstituten zur Verfügung und umgekehrt.

Durch die Senkung des Mindestreservesatzes steigt die nachfragewirksame Geldmenge. Dadurch steigen das Angebot an Krediten und die Gesamtnachfrage. Der Kreditschöpfungsspielraum der Banken nimmt zu, die Konjunktur erhält zusätzliche Impulse und es besteht langfristig die Tendenz zu Preissteigerungen.

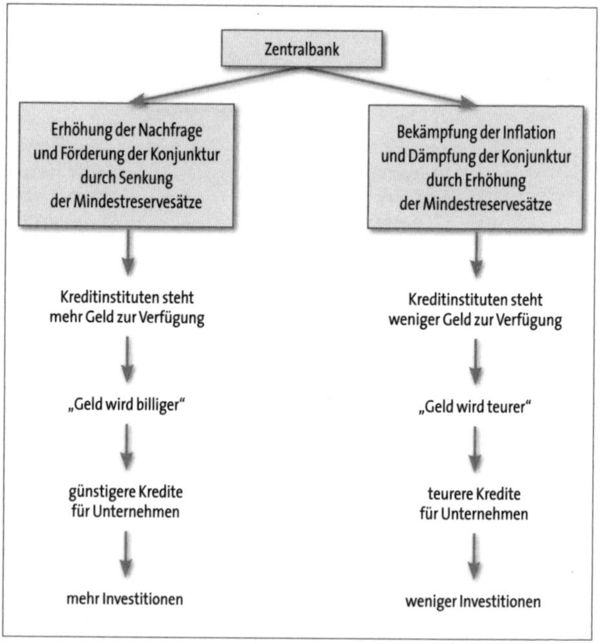

9.5.3 Das ESZB (Europäisches System der Zentralbanken) legt beim Mengentender den Zinssatz im Voraus fest. Die Kreditinstitute teilen den Betrag mit, den sie zu diesem Festsatz durch Verkauf von Wertpapieren haben möchten. Bei Überzeichnung des Kreditvolumens wird anteilig zugeteilt. Dies geschieht im Rahmen der sogenannten Offenmarktpolitik.
Beim Zinstender nennen die Kreditinstitute den Bietungsbetrag und den Zinssatz. Das Kreditvolumen wird wieder vom ESZB festgelegt. Bieten die Kreditinstitute zu niedrige Zinsen, kann es passieren, dass sie bei der Zuteilung leer ausgehen.

9.5.4 Der Begriff „Fazilität“ kommt aus dem Lateinischen und bedeutet „Möglichkeit“. Kreditfazilität bedeutet also die Möglichkeit, einen Kredit aufnehmen zu können. Einlagenfazilität ist die Möglichkeit, Geld bei einer Zentralbank anlegen zu können. Werden Kredite durch das ESZB bereitgestellt, spricht man von Spitzenrefinanzierungsfazilität. Unter Einlagenfazilität versteht man die Bereitschaft des ESZB, Einlagen der Kreditinstitute aufzunehmen.

- Spitzenrefinanzierungsfazilität: Hier werden am Tagesende bestehende Soll-Salden der Kreditinstitute gedeckt. Der Kredit erfolgt sozusagen über Nacht gegen refinanzierungsfähige Sicherheiten. Dadurch erhöht sich die Geldmenge.
- Einlagenfazilität: Hier wird gegenteilig zur Spitzenrefinanzierungsfazilität gearbeitet. Kreditinstitute können über Nacht Haben-Salden bei den nationalen Zentralbanken anlegen. Die Verzinsung erfolgt zu einem im Voraus festgelegten Zinssatz, der im Normalfall die Untergrenze des Tagesgeldzinssatzes bildet. Dadurch verringert sich die Geldmenge.

9.5.5 Werden die Leitzinsen gesenkt, sinkt auch das allgemeine Zinsniveau. Kredite werden günstiger und die Nachfrage der Unternehmen nach Investitionsgütern steigt. Durch erhöhte Produktion werden Arbeitsplätze geschaffen. Das Einkommen der Haushalte steigt und dadurch auch die Nachfrage nach Konsumgütern. Da die Nachfrage sowohl von Unternehmen als auch von Haushalten zunimmt, erhöht sich durch das Wirtschaftswachstum und die daraus resultierende steigende Beschäftigung die Gefahr einer Inflation.
Hinweis: Es kann so eintreffen, aber es muss nicht. Unternehmen müssen ihre Investitionen nicht ausweiten, nur weil Kredite günstiger sind. Die Nachfrage der Haushalte muss nicht zunehmen, nur weil diese mehr Einkommen haben. Sie könnten z.B. auch sparen.

9.5.6
- Zentralbank: keine oder nur wenig Änderung der Leitzinsen zur Wahrung der Preisstabilität, keine oder nur geringe Leitzinssenkung zur Vermeidung der Gefahr einer steigenden Inflation

- Regierungen: Änderung der Leitzinsen bzw. Anwendung geldpolitischer Maßnahmen zur Belebung der Konjunktur in wirtschaftlich schwierigen Zeiten mit dem Risiko einer steigenden Inflation

9.5.7 Die Fiskalpolitik dient als Instrument zur Stabilisierung von Konjunktur und Wachstum. Darunter fallen alle finanzpolitischen Maßnahmen des Staates. Die Fiskalpolitik in der Bundesrepublik Deutschland läuft über die öffentlichen Haushalte (Bund, Länder und Gemeinden).

Antizyklische Fiskalpolitik

Der Staat soll bei der antizyklischen Fiskalpolitik seine Einnahmen und seine Ausgaben genau entgegengesetzt zur Konjunktur, d.h. zum Verhalten der übrigen Wirtschaftssubjekte steuern. In Krisenzeiten soll er sich verschulden, um fehlende Nachfrage auszugleichen. Der Staat könnte z.B. in Infrastruktur investieren und Steuern senken. Während eines Booms soll er seine Ausgaben reduzieren und Kaufkraft abschöpfen (Schaffung einer Konjunkturausgleichsrücklage).

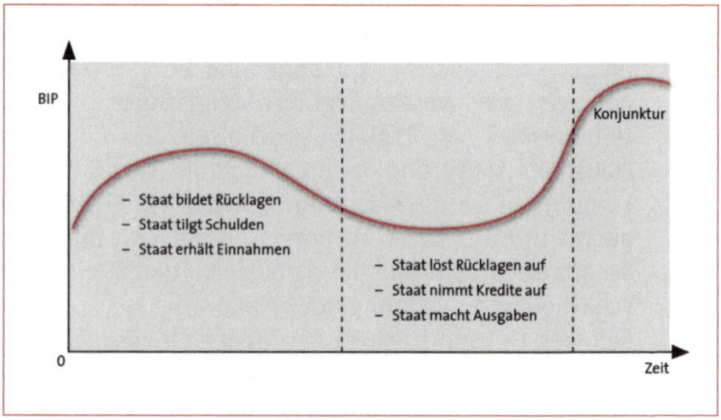

Antizyklisches Verhalten des Staates

Angebotsorientierte Fiskalpolitik

Die angebotsorientierte Fiskalpolitik hat die Aufgabe, die wirtschaftlichen Aktivitäten auf der Angebotsseite zu aktivieren. Möglichkeiten dazu sind eine langfristige Verbesserung der Investitionsbedingungen und eine Verstetigung der öffentlichen Haushaltspolitik. Der Staat soll neutral zur Konjunktur wirken und sich parallel zum Produktionspotenzial bewegen. Die Angebots- bzw. Investitionsbedingungen können verbessert werden, z.B. durch Schaffung günstiger Rahmenbedingungen (Erleichterung der Abschreibung, Förderung von Forschung und Entwicklung, Bildungsurlaub, Ausbau der Infrastruktur). Die angebotsorientierte Fiskalpolitik findet man auch unter den Begriffen anreizorientierte oder Verstetigungspolitik. Ziel ist es, Anreize zu schaffen für Investitionen und Innovationen und die Förderung von Wachstum und Beschäftigung. Die steuerliche Entlastung kommt jedoch hauptsächlich den wirtschaftlich Stärkeren zugute. Unternehmen, die Gewinne einfahren, müssen nicht unbedingt im Inland investieren. Sie können das Geld auch zinsgünstig anlegen oder ihre Produktion in Länder mit kostengünstigeren Bedingungen verlegen. Es werden nicht zwangsläufig durch angebotsorientierte Fiskalpolitik Arbeitsplätze geschaffen.

9.5.8 Der Staat soll im Abschwung Ausgaben erhöhen und dies – wenn nötig – durch eine höhere Staatsverschuldung finanzieren (deficit spending). Die höhere Nachfrage soll die Wirtschaft aus der Rezession führen. Die Staatsverschuldung soll anschließend in Zeiten von Expansion und Hochkonjunktur durch Haushaltsüberschüsse wieder ausgeglichen werden (antizyklische Finanzpolitik).

9.5.9 Beispiele für expansive fiskalpolitische Instrumente:

- Vergabe öffentlicher Aufträge
- Senkung von Steuersätzen
- Gewährung von Sonderabschreibungsmöglichkeiten
- Erhöhung der normalen Abschreibungssätze
- Förderung von Beschäftigungsprogrammen
- Zahlung von Investitionszulagen und Subventionen
- Ausbau von Sozialleistungen

9.5.10 An der Lohnpolitik sind die Tarifparteien (Arbeitgeberverbände/Unternehmen und Gewerkschaften) beteiligt. Die Arbeitgeber sehen die Lohnkosten als Produktionskosten. Aus Sicht der Gewerkschaften beeinflussen die Löhne die Kaufkraft. Die reale

prozentuale Lohnerhöhung entspricht der vereinbarten prozentualen Lohnerhöhung (nominale Lohnerhöhung) abzüglich der Inflationsrate. Die Gewerkschaften streben an, dass die Reallohnerhöhung wenigstens der Steigerung der Arbeitsproduktivität entspricht, um eine Umverteilung der Einkommen zugunsten der Kapitaleinkommen zu verhindern (produktivitätsorientierte Lohnpolitik). Reallohnerhöhungen über die Steigerung der Arbeitsproduktivität hinaus bedeuten eine Umverteilung der Einkommen zugunsten der Lohneinkommen.
Lohnnebenkosten: Lohnfortzahlung im Krankheitsfall, Urlaubsentgelt, Sozialversicherungsbeiträge der Arbeitnehmer, bezahlte Feiertage, Sonderzahlungen (z.B. Prämien, Gewinnbeteiligung)

9.5.11 Arbeitsmarkt- und Umweltpolitik

a) Arbeitsmarktpolitik wird vom Bund, den Ländern und der Bundesagentur für Arbeit betrieben. Möglichkeiten der aktiven Arbeitsmarktpolitik sind Umschulungs- und Fortbildungsmaßnahmen und Hilfen zur Eingliederung Arbeitsloser, z.B. Arbeitsbeschaffungsmaßnahmen durch staatliche Investitionen oder Lohnkostenzuschüsse für Betriebe, die Langzeitarbeitslose beschäftigen. Außerdem kann die Mobilität durch Bezahlung von Fahrt- oder Umzugskosten gefördert werden.
b) Umweltschutzpolitik soll negative Auswirkungen wirtschaftlicher Aktivitäten auf die Umwelt vermeiden. Dafür werden Gesetze und Verordnungen mit bestimmten Auflagen geschaffen, z.B. Emissionsgrenzen für Schadstoffe oder Verbote umweltschädlicher Stoffe. Als marktwirtschaftliche Instrumente können die Besteuerung von Umweltbelastungen und die Ökosteuer genannt werden.

Stichwortverzeichnis

Herausgeber und Autorin

FORUM Berufsbildung ist ein freier und gemeinnütziger Bildungsträger in Berlin, der sich insbesondere für eine teilnehmerorientierte und praxisnahe Weiterbildung einsetzt. Seit 1985 bietet das FORUM Berufsbildung Fortbildungen, Umschulungen, Fernlehrgänge, Ausbildungen, Seminare und berufsbegleitende Weiterbildung an. Ein großer Teil der Maßnahmen schließt mit externen (Kammer-)Prüfungen ab. Nicht nur die Nähe zur Praxis und die hohe Qualifikation der Dozenten zeichnen das Bildungsangebot aus, sondern auch der enge Kontakt zwischen Teilnehmern, Lehrkräften und Studienleitern. Mit diesen umfassenden Erfahrungen mit beruflicher Qualifikation und Prüfungsvorbereitung und als unabhängiger und neutraler Bildungsträger fungiert das FORUM Berufsbildung als beratender Herausgeber für die Reihe „Grundwissen".

Johanna Härtl hat vor Gründung ihrer eigenen Akademie für Fortbildung und Qualifizierung von Erwachsenen, in der sie heute aktiv tätig ist, eine Ausbildung zur Speditionskauffrau und ein Studium der Wirtschaftswissenschaften absolviert. Sie war u.a. als Ausbilderin tätig und nahm eine abwechslungsreiche Dozententätigkeit auf. Durch den Einsatz eigener Unterlagen entwickelte sich eine Autorenschaft für Fach- und Prüfungsbücher. Weitere Informationen finden Sie unter www.suabelis-akademie.com